以文化人视域下
高校立德树人研究

占啸成　著

吉林大学出版社
·长　春·

图书在版编目（CIP）数据

以文化人视域下高校立德树人研究 / 占啸成著. 长春：吉林大学出版社，2025.1. -- ISBN 978-7-5768-4617-1

Ⅰ. G641

中国国家版本馆 CIP 数据核字 2025LB0195 号

书　　名　以文化人视域下高校立德树人研究
　　　　　YIWEN-HUAREN SHIYU XIA GAOXIAO LIDE SHUREN YANJIU

作　　者　占啸成
策划编辑　李承章
责任编辑　白羽
责任校对　赵莹
装帧设计　贝壳学术
出版发行　吉林大学出版社
社　　址　长春市人民大街 4059 号
邮政编码　130021
发行电话　0431-89580036/58
网　　址　http：//www.jlup.com.cn
电子邮箱　jldxcbs@sina.com
印　　刷　华睿林（天津）印刷有限公司
开　　本　787mm×1092mm　1/16
印　　张　11.25
字　　数　190 千字
版　　次　2025 年 1 月　第 1 版
印　　次　2025 年 1 月　第 1 次
书　　号　ISBN 978-7-5768-4617-1
定　　价　78.00 元

前　言

“国无德不兴，人无德不立”。贯彻与落实“立德树人”教育根本任务，具有兴国强国之魂的重要战略意义，关系到能否持续地为中国特色社会主义提供“德智体美劳”全面发展的合格接班人，培养能担负民族复兴重任的时代新人，是实现中华民族伟大复兴的关键所在。在新时代的今天，“立德树人”不仅是高等教育的中心环节，更是高校的立身之本，习近平总书记明确指出“要把立德树人的成效作为检验学校一切工作的根本标准”。

习近平总书记指出：“育新人，就是要坚持立德树人、以文化人。”“立德”与“树人”的理念源自中华民族的优秀传统文化，“立德”体现了立志、崇德、向善的精神追求，“树人”彰显了自觉、自立、自强的自我价值实现。落实“立德树人”根本任务不能将其狭义地理解为直接的道德说教和强制性的价值灌输。长期以来，一些高校在具体工作中对“立德树人”根本任务的认识容易陷入政治化、孤立化、心理学化、工具化的误区，缺乏应有的人学视野与文化视野。广义而论，“立德树人”是一个转化文化、传播价值、启发思想、感召精神的以文化人的文化传承活动，“传道解惑”以实现人的自觉、自立是其根本的实践特征。透过以文化人的视域，方能形成对“立德树人”根本任务价值取向的正确认识，明确其落实的原则，优化实施的方法，构建合理的教学路径，完善育人的载体体系。

目　录

第一章　以文化人视域下高校立德树人概述

“十年树木，百年树人”，一个国家与民族的兴盛发展，离不开教育事业的百年大计。习近平总书记在中国共产党第十九次全国代表大会中指出：“我们党立志于中华民族千秋伟业，必须培养一代又一代拥护中国共产党领导和我国社会主义制度、立志为中国特色社会主义事业奋斗终身的有用人才。”① 中国共产党的每一代领导人都高度重视社会主义建设者与接班人的培养问题，在 2006 年 8 月 29 日中共中央政治局的第三十四次集体学习时，胡锦涛同志就已提出“立德树人”根本任务的观点，习近平总书记更是在多次重要论述中对“立德树人”进行了丰富、生动的诠释，并大力推动高校、机关单位开展以“立德树人”为导向的教育和培养工作。基于中华民族伟大复兴的人才培养需要，基于德智体全面发展的人才培养需要，更是基于人的自由全面发展的现实需要，对如何落实“立德树人”根本任务进行全面系统的研究，具有重要的时代价值和迫切的现实意义。

在展开本论文的研究与阐述前，必先认识到“立德树人”不是一个抽象的教育理念，“立德树人”具有丰富的内在价值意蕴，是一个现实的、鲜活的、富有生命力的教育理念。“立德树人”教育根本任务具有鲜明的文化性、民族性、时代性特征，研究高校如何落实“立德树人”根本任务，需要有针对性的思维视域。

有学者认为，对象是理论主体与核心部分的体现，所有的理论都依托于对象而阐释，所有的逻辑理路都围绕这个核心而展开。没有对对象的确认，就无法进入到严谨的研究中，科学的理论体系建立在对对象明晰的基础上。② 何为研究的起始点？对研究对象概念的明晰是研究的起始点。要研究

---

① 习近平．习近平谈治国理政：第三卷［M］．北京：外文出版社，2020：328.

② 胡德海．教育学原理［M］．兰州：甘肃教育出版社，1998：1.

以文化人视域下高校如何落实“立德树人”根本任务，必然要对“以文化人”、“立德树人”等基本概念进行明晰。只有在充分明晰基本概念的基础上，才能准确把握研究对象的特殊性，形成对研究对象的系统的分析论证。而也只有对“以文化人”和“立德树人”进行正本清源的概念界定，才能真正深入到本论文研究所要到达的理论境域。

一、何为“以文化人”

自人类文明形成以来，“以文化人”的教化活动普遍存在于世界各民族的生产交往中，是各民族延续文明、传承技术与知识的重要方式。广义上说，人类所从事的一切物质或精神范畴的活动，都可以视作文化活动，即通过显性或隐性的方式，使价值观、情感与知识能够被传递，使对象在有形或者无形的活动中达成被教育的效果，达到教化或感化的育人目的。在人类文明的历史长河中，人类社会对“如何实现教育”的问题尚处于感性的认识阶段，就认识到“以文化人”的重要性，并通过多样性的文化活动，达到教化育人的目的。人类社会发展至今，虽然学界对教育本质与规律的认识不断提高，教育的形式和种类日渐丰富，但仍不可否认“以文化人”在当今教育中的重要作用，在提升社会整体文明水平过程中的重要作用。对“以文化人”的认识，应从感性的外在形式、直接的经验传授，深入到机理的认识与研究，从而在教育活动中正确把握如何“以文化人”，思考在当今的高校教育中如何寓教于“文化”，达到理想的化人与树人目的。

（一）以文化人的内涵

从表象的字义而言，“以文化人”中的“文”意指“文化”，“化”意指教化、感化、劝化，“以文化人”意为用文化教育、感化乃至改造人。“以文化人”的含义可溯源至《周易》，源于“观乎人文，以化成天下”之意。《周易·象传》曰：“观乎天文，以察时变；观乎人文，以化成天下。”旨在说明人伦礼制，系仿效天体之运行，规律有序，以此教化天下人，使人群成为有常规、有本分的状况。孔子作古代哲学著作“十翼”所阐发的阴阳概念成为古人观察世界万象的基本原理，即“燮理阴阳”，在此基础上又进一步把世界万象划分成“天、地、人”三个维度。要处理好人和自然（即天地）的关系，就要依据“以文化人”的方法论思维。古代的统治者和贤哲主张把教化放在首位，并不是不用刑法，他们懂得“法与礼乐异用而同功”（子思），“礼乐刑政，四达而不悖，则王道备矣。”（《礼记·乐记》）他们认为施行教化是推行法治的基础，没有教化，法律也并不能体现应有的价值。孔子还以仁释礼、用仁政将政与教结合，而为政之道必以教化为先。唐吕温著《人文化成论》，旨在以“三纲五常”的原则辨明“人文”之义，以正人伦事理。提出“夫以刚克，妻以柔之，父慈而教，子孝而箴”，此“家室之文”；“君以仁使臣，臣以义事君”，此“朝廷之文”；“宽以济猛，猛以济宽”，此“刑政之文”；“三公论道，六卿分职，九派异趣，百揆同归，此官司之文”；礼乐相宜，“因俗通变，此教化之文”。提出以人文教化而治国的思想。宋代朱熹阐释的“人文”实指礼，或指礼乐之文。如他释“文王既没，文不在兹乎？”说：“道之显者谓之文，盖礼乐制度之谓。”朱熹阐释的“人文化成”是儒家教育理想的体现，意为兴礼乐之文以化成天下，即通过礼乐教化促成人类社会和谐有序地运行，达到天下大治。

“以文化人”是极具中国文化特色的育人理念，习近平总书记向来重视文化的价值引导与规范功能，在不同的场合和论述中多次阐述了“以文化人”的教育观点。在第四届全国道德模范座谈会上，习近平总书记首次提出：“坚持以文化人、以文育人，弘扬真善美、贬斥假恶丑，推动形成知荣辱、讲正气、作奉献、促和谐的社会风尚。”在与培育社会主义核心价值观、培育民族精神、坚定文化自信、树立理想信念相关的论述中，习近平总书记多次提到了“以文化人”。“以文化人”蕴含着深刻的思想内涵，从它价值意蕴的正本清源和深入分析中，有助于为解决当前教育领域的难题提供思路，为中国特色社会主义教育道路发展提供了诸多的智慧启示。

（二）以文化人的价值意蕴

“以文化人”的内涵可释义为“观乎人文，以化成天下”，“以文化人”在词义上的内涵简单明了，但其外延所衍生的价值意蕴极为宽广，且随着历史的发展，人类文明的愈发兴盛发展，“以文化人”的价值意蕴不断在人类社会的实践活动中被丰富，也蕴含了愈多的智慧启示。要充分认识“以文化人”的价值意蕴，不能只停留在表象的字义理解，必然需要深入到对“文化”内涵与外延的认识中，只有深刻认识“文化”的本质，才能洞悉其何以能够用以“化人”。人类的文明是通过不断传承的文化而得以持续发展的。从更广泛的角度来看，文化是所有的物质与精神的总和。狭义而言，文化是精神与意识范畴的事物。文化的传播与发展，使人类的知识与经验得以积累，从认识上发生量变到质变的升华，是人类文明得以延续并兴盛发展的重要保障。文化创造于人，来源于实践，从真实的社会交往活动中形成。文化不仅蕴含着对客观与自然的真实反映，其同时也是主观与主体意识的真实反映，是思想与情感的天然承载物，其内核是一定价值观的体现。

在历史发展过程中，东方文明和西方文明通过文化的创造与发展，极大地推动了人与社会的发展进步，东方文明和西方文明也形成了彼此不同的文明理念和文化特色。虽然，“以文化人”作为一种实践活动而论，是东西方文明都普遍存在的现象。但“以文化人”从形成的语境，从其秉承的人文精神、内含的价值意蕴而言，把其简单视作一种普遍存在的人类活动，并不能真正把握其应有之义。应认识到“以文化人”是基于中华文化背景下所形成的独特概念，其词义本身具有文化所赋予的特殊意蕴，也正是因为源于渊源博大的中华文化，“以文化人”内含着丰富的价值意蕴和包容、博大的民族精神。杨柳新在《德性文明论》中指出，中文“文明”由“文”与“明”合成，文为“观乎人文以化成天下”之“文”，“明”为“明明德”之意，“文明”是中华民族道德实践特质的体现。[①]“以文化人”是以“德性”和“仁义”为内核的教化天下之道，其以无形之文化与有形之物质物化为载体，引导共同体成员真善和美的生活觉悟生成，为人与自然、人和人、人与社会集体的和谐合理秩序构建提供了思想启蒙和智慧导引。

在不同时代，用以“化人”的“文”在内容的范畴上有着显著不同，但“文”的内容在所属时代都具有先进的思想文化价值，都具有促进人更全面发展自身、充分发挥个人天性禀赋的重要意义。“以文化人”通过成就每个个体的精彩生命形式，最终达成社会整体的和乐善美。回溯中华民族的历史长河，用以化人的“文”是以儒家学说为核心的“礼乐诗书”形式，所赋予的价值内核是“礼义仁智信”。儒家学说的核心观点认为，要使天下和谐大治，刑罚、奖惩等是方法手段，其根本目的是兴教化、治人心，通过生活信念、生命理念的树立，从而真正达成国家的大治，社会秩序的和谐。因此，要通过“文”的教化，使每个具有不同天性禀赋的人真正认识和理解乐善美的生活宗旨可贵，从而以“礼义仁智信”为成就自己的原则，以“礼乐诗书”为学习方式，尽人、尽物之性，在立己、树人过程中真正成就生命的美

① 杨柳新．德性文明论［M］．北京：知识产权出版社，2018：3.

好形态。因此，“以文化人”从微观而言，所化的是个体，从宏观而言，要化的是社会共同体，其最高境界是要构建天下大同的理想世界。而在新时代的今天，实践发展赋予了“以文化人”的更具时代性与先进性的意蕴。“今天我们所形成的中国特色社会主义文化，是由中华优秀传统文化、革命文化与社会主义先进文化三个组成部分构成的文化体系。”① 在新时代的教育中贯彻“以文化人”的教育理念，是要以中国特色社会主义文化化人，用优秀传统文化、革命文化与社会主义先进文化培育“德智体美劳”全面发展的时代新人。

（三）以文化人的视域

“以文化人”的智慧理念衍生于中华民族传统文化中，要将这种智慧用于教育实践，必先建立在对其存在状态的正确认知基础上。通过对“以文化人”的价值意蕴分析可知，“以文化人”内含显性和隐性的双重意蕴。如果仅从显性层面意义理解“以文化人”，“以文化人”被狭义地理解为教育过程中的一种教学方法，其在实践中具体的存在状态是一种教学方法，即在教育过程中通过文化以教化人的教学方法。而这显然是对“以文化人”的直观机械理解，无法概括“以文化人”隐性内含的精神境界、思想立意和美学享受。现实中的“以文化人”是其显性和隐性应有之义相统一的一种存在状态，在教育中，是一种宏观视域的体现。只有把“以文化人”作为一种分析问题、看现象的视域，通过这个视域辩证地看待教育中的现象和规律，才能运用其中的智慧服务教育实践。伽达默尔指出：“视域就是看视的区域，这个场域包含了某个范畴内能被观测到的元素。……‘具有视域’，意味着拥有跳出认识局限的观察力。透过视域，将对事物属性具有更准确的认知能力。”② 从共时性而论，教育活动是个结构性总体，从历时性而论，教育活动是个过程性总体。“以文化人”为新时代的中国特色社会主义教育提供了一种可参照性视域，通过以文化人的视域重思教育，能更全面地发掘在教育的结构性总体中发挥作用的能动要素，更充分把握其过程性总体中存在的不同形式，并考察这些要素、形式和教育活动总体之间的关系。通过这个视

---

① 陈培勇，李茹佳．中国特色社会主义文化自信：内在逻辑、现实困境与未来前景［J］．学术研究，2020（2）：1－6．

② 伽达默尔．真理与方法（上）［M］．上海：译文出版社，1999：388．

域，能更确切地把握教育作为感性的现实的人的实践活动的实质，使教育活动中理性的思维和感性的直观统一，从而更具深度和广度地认识教育的现象和规律，从总体性上把握其未来发展的趋势。

（四）以文化人视域下对教育的重思

教育在宏观上是“观乎人文，以化成天下”的人类活动。虽然在《周易》原著中，“人文”指以周礼为核心的文化活动，所化成的“天下”也意为以中原为核心的地理版图。但从其哲学意蕴而言，周礼是当时中华民族所生活的区域创造和融汇的最璀璨的文明结晶，“天下”也是对人类社会共同体感性、诗意的概括，而并非纯粹的地理概念。“观乎人文”是要参照人类社会先进的文化成果，集思广益人类历史发展过程中所有有益的精神财富，并用以教化和发展共同体中的人。因此，在“以文化人”的视域下，对教育活动的认识不再纠结于表象的形式不同，而是从宏观上认识到所有的教育活动都是人类文化活动的一种，教育的最高使命是“传道”，使人类的文明理念、科学思维得到传承并发展，局部的技术传承或直观的经验传授只是过程，不是最终目的。因此，所有的教育活动不再是原子式彼此孤立的个体，而是在人类社会的生命活动中，形成“观人文，化天下”的宏伟合力。教育中所传授的知识虽然有学科的划分，但是对待教育的态度，不能被单一知识的学科范畴所束缚，而是需要兼收并蓄的包容视野，以世界历史性的眼光看待不同学科知识的关系，从而跳出单一学科的思维局限性，审视和反思教育存在的不足，使教育的发展能够以满足人的全面发展需要为终极目的。这种需要在现实中是显然易见的，例如，自然科学类学科，如果以工具理性的思维对待自然科学的学习，那么自然科学家在攀登科学高峰时，将缺乏对技术和伦理关系的合理认知，研究成果可能不利于整个人类文明发展，或者在科学研究中缺乏攀登科学高峰的动力，陷人对所学所用的困惑。而这个问题也并非开设一门心理学课程或伦理课程所能解决，需要以对人类文明整体的世界历史性认识为基础。这种认识需要通过人文底蕴的培养形成，需要使学科的培养变成学科体系的培养以完成。即在专业知识学习的同时，社会科学素养和自然科学素养彼此兼顾，以更具广度的综合视野认识所学专业，相辅相成地形成正确的价值观和世界观。

教育是具有强烈人文关怀的文化活动，教育之所以要“化人”，其目的是要成人、树人，使人形成对自我和世界的正确认知，乃至对社会共同体的认同，使原子式自发的个体成为自觉的人，促进社会整体以和谐的秩序运行。教育的最终目的，是要服务于人，使被教育的人能够造福人类社会的共同体，使共同体可持续地和谐发展，从而使共同体中的每个人都真正受益。因此，在教育过程中，不是所有的“文”都能用以“化人”，用以“化人”的“文”，必然是有益于人类生存和发展的“文”。教育活动中所要传播的是能够造福于人的知识，包括可以促进生产力发展的科学技术，指导人合规律合目的改造世界的哲学理论。教育不仅是知识传播的授业过程，更是以知识为介质，使人的社会性认识综合提高的过程。在“以文化人”的视域下，教育的根本目的是要关怀现实的人，以人为本是其核心精神体现，也是其未来发展不能丢失的初心。

教育是一种感性的人的实践活动，直观的经验阐述、纯粹的理论灌输或抽象的逻辑的推导，都不足以囊括其全部内容。实践表明，尝试以唯对象性的研究方式认识育人，并以之指导实践，往往将无法跨越理论与现实的鸿沟。时代的发展，分工在未来社会的愈加多元化，使育人活动在复杂的社会关系中被更多不确定性因素干扰。如何以有限的认识去把握育人活动的无限发展，这促使我们需要以更包容的思维视域整合已有的理论资源，以把握感性的人的育人活动的动态不稳定性。在今天的教育中重思“以文化人”，正是要使教育研究灌入新的思想活力，以“致广大而尽精微”的视域重新认识教育的现象和规律，从总体性上把握其未来发展的趋势，追求育人活动应有的价值观渗透力、情感张力、知识积淀以及思想活力。要达到这样的教育效果，不仅意味着要反思当前认识中的不足，发掘过去研究中被忽视的元素，为新时代育人打开新的局面。同时还要从总体性上把握育人，从先进文化发展方向去把握育人活动的根本，保障中国特色社会主义的教育在方法形式不断创新基础上，仍然能始终坚持最根本的立场、原则，使中国特色社会主义的育人事业始终具有高度的先进性和引领性。

二、立德树人概述

在中国共产党第十九次全国代表大会上，习近平总书记提出“要全面贯彻党的教育方针，落实立德树人根本任务”。[①] 立德树人教育根本任务的提

---

① 习近平．习近平谈治国理政：第三卷［M］．北京：外文出版社，2020：36.

出，为中国特色社会主义明确了最根本的教育主题，确立了最基本的育人方向，是中国特色社会主义教育发展的重要指导原则。立德树人是兼具政治性、文化性、先进性、理论性、民族性特征的育人理念，研究立德树人，不仅要从历史和文化中对其词义进行正本清源，以把握其具有文化性和民族性特征的价值意蕴，更要探析新的时代背景下“立德树人”概念的提出和发展脉络，把握其具有政治性、理论性和先进性的思想内涵，从而使对“立德树人”的认识成为一个丰富的立体，以为后面的研究铺平道路。

（一）对“德”价值意蕴的正本清源

要在教育实践中贯彻与落实“立德树人”，必然需要先明晰“立德树人”的概念。而在此之前，必须先认识“立德树人”和德育的关系。“立德树人”是中国特色社会主义高校德育工作所追求的目标，是极具中华文化特色的教育概念，与一般意义上的“德育”相比，具有特殊的文化含义和独特的思想价值。“立德树人”既继承了中华民族传统文化中优秀的价值追求，也彰显了新时代先进的价值理念。因此，明晰“立德树人”的概念和特殊含义，避免对其曲解乃至狭义理解，必须建立在对“德”价值意蕴的正本清源基础上。“德”是贯穿于“立德树人”的价值核心与价值规范，对“德”的价值意蕴进行正本清源，要结合其在中华文化中的具体语境。只有充分探析“德”的丰富价值意蕴，才能生动具体地认识何为“立德”，明晰“立德”的内在逻辑，形成对“立德树人”应有之义的充分认识。

先秦时期，诸子百家不同学派都认识到了人类社会不能缺失“德”，“德”对于人的生活具有不可或缺的重要意义。不同学派在对不同事物或现象的论证过程中，纷纷阐述了“德”的哲学意蕴，为中华民族后世对“德”的系统认识奠定了重要的根基。对于思维和生活中“德”的存在形式，古人形成了“立德”、“大德”、“明德”等几种较为经典和具有代表性的阐述。

在中国传统文化中，“立德”是为人的立身之本。古人对于“立德”有深刻的认识，《左传·襄公二十四年》中将“立德”、“立功”、“立言”作为人生的三层重要境界提出，并成为中华民族千年来内圣外王之道的重要准则。孔颖达以“创制垂法，博施济众”来阐释“立德”的根本性。《傅子·正心》中指出立德之本在于正心，只有心正、神正、身正、左右正，才能不受外界的干扰，坚持自身的原则，以中和得体的状态面对事务。“立德”不仅是内在价值观的确定与坚持，更是一种恬然自得、春风化人的精神面貌体现，以“德”的行动原则对他人产生积极影响。

古人以“大德”形容德行和智慧的高等境界，从儒家的《易传》《论语》及其他的一些经典著作中可以探析。“大德”是一种大智慧的体现，是构建宇宙和人类社会和谐秩序必备的思想境界和方法论思维。《易·系辞下》中，以“天地之大德曰生”阐释“大德”的意象，将天地包容负载万物、滋养万物繁衍生息的现象拟人化，并以此生动形容何为“大德”。《管子·立政》将“大德不至仁”的辩证思想作为治国理政的重要准则，并且认为不能如此则“不可以授国柄”，作为君子应慎重思考这一点。虽然在不同的著作中，“大德”所阐述的对象或具体阐释的内容不同，但都蕴含了对“以德为本”的价值观点的根本认可，并以“德”为重要的行为指导准则。

《道德经》从“道”与“德”的辩证关系角度，对“德”展开了论述。《道德经》以“上德”、“质德”、“建德”、“广德”对“德”的不同表现形式进行划分。“上德若谷”，不以功自恃，视有若无，虚怀若谷，道自来居。“广德若不足”，正是因为上士功成而不居，永远不满足，虽然德广，仍觉不足，才能道莅天下，德化于世。“建德若偷”，修道建德，出于自然，不求人知，偷偷去做，生怕被人发现。“质真若渝”，修道之人质朴纯真，纯任天然，其本性至真，反而好像污浊。在《道德经》中，“道”是宇宙秩序和规律的总体体现。“道可道，非常道。”每个人对“道”的认识犹如盲人摸象，只是认识了局部，终其一生认识有限，具有认识的局限性。“天地不仁以万物为刍狗。”面对无所不在的“道”，又充满不可知性的“道”，人类与自然物在宇宙的“道”面前是一视同仁的。而“德”之所以与“道”并列，是因为人可以通过具有“德”，使人区别于一般自然物，可以通过具有与“道”自洽、相合的一种生命态度，从而明“道”、合“道”。人通过“德”使自身具有万物之灵的特质，通过具有“德”而能辩证面对和认识并不完全可知的“道”，合规律合自然地与“道”怡然相洽，达成生命动态的和谐状态。

儒家所提出的“明德”概念，更进一步明确了“德”在中华文化中主要的价值意蕴。在先秦的著作中，《左传》认为“明德”是“务崇之谓”的体现。《礼记·大学》则进一步升华“明德”的含义，认为“大学之道在明明德。”《易·晋卦·象传》指出：“君子以自昭明德。”唐代的孔颖达认为通过“务崇之谓”可以益智益德，达到“谓自显明其德也”的效果。宋代的朱熹进一步注释并完善了“明明德”的内涵，将“明明德”作为大学重要的纲领之一。朱熹认为“明德”是人之所以具有灵性，并且能够理辨万物的根本。

(《四书章句集注》)综上,“明德”不仅是中国伦理思想史用语,意为昭彰道德,“明德”更意为人们天赋本然的善性。

从古人的论述中可以看出,“德”是中华文明贯穿历史的核心价值主旨,中国的文化充满了“德”的思想意蕴,中国的哲学思想彰显着“德”的智慧光辉。从历史文化中可以看出,“德”是立身为本的重要准则,是使主观世界和客观世界相统一的尺度。“德”既关乎个人之私德,同样关乎社会、国家之公德。从“德”丰富的思想意蕴探析中,对认识新时代“立德树人”的目的、本质并构建实践路径,具有根源性的思想意义以及重要的思想启示。

(二)立德树人的内涵和立德树人根本任务的提出

“树人”最早可追溯至《管子·权修》中提出“终身之计,莫如树人”的著名观点。树人即培育人才。管仲学派认为培育人才是“一树自获”的大好事,如果遵循人才培养的循序渐进规律,其最终结果将是利国利民的,这也是使国家政治清明、王道振兴的必然举措。《现代汉语大词典》(下册)中,对“树人”译为培养造就人才。如:百年树人。现代语境意义上的“立德树人”,有通过培养内在道德主体性,树立刚健自强人格,培养德智体全面发展人才之意。

“立德树人”在现代语境的使用中,一般出现在与中国特色社会主义高校思想政治教育有关的情景。青年一代的健康成长和全面发展是关系国家和民族前途未来的重要事项,一直以来,党中央深切关注中国特色社会主义教育事业的发展,并不断指导高校思想政治教育工作的开展和推进。“立德树人”根本任务正是立足于这样的时代发展需要而提出。在2006年中共中央政治局的第三十四次集体学习时,胡锦涛同志在谈及素质教育的问题时,首次提出了“立德树人”根本任务,他指出“培养什么人”、“怎样培养人”是教育工作的主题,把“立德树人”作为教育的根本任务提出,是全面实施素质教育的保障。胡锦涛同志在2007年全国优秀教师代表座谈会的讲话中再次提到“立德树人”的根本任务,并且进一步强调“育人为本、德育为先”的观点。[①] 在中国共产党第十八次全国代表大会中,胡锦涛同志再次强调“立德树人”作为教育根本任务的重要地位,并指出通过将其贯彻落实以实

① 胡锦涛.在全国优秀教师代表座谈会上的讲话[M].北京:人民出版社,2007:3.

现培养德智体美全面发展的社会主义建设者和接班人的目标。[①]

“国无德不兴，人无德不立”，“立德树人”是培养合格的社会主义建设者和接班人、为中华民族伟大复兴输送有用人才的重要保障。习近平总书记进一步推动了高校“立德树人”教育工作的开展，并强调了“立德树人”根本任务在高校教育工作中的根本性地位。习近平总书记在多个重要场合的论述中都阐述了“立德树人”的重要意义，截止至2022年1月15日，在习近平系列重要讲话数据库中检索“立德树人”，显示有155条相关记录，在有关高校建设、地方建设、军队建设、民族复兴、党史学习、文化艺术等方面都提到了“立德树人”。通过研究习近平总书记不同场合、不同情境下对“立德树人”的论述，并选取比较具有代表性意义的，可以更全面地把握“立德树人”的思想政治教育意义，为高校立德树人根本任务的研究缕清脉络。2014年五四青年节在北京大学师生座谈会的讲话中，习近平总书记首次在面向高校的讲话中论及“立德”的问题。习近平总书记明确指出“国无德不兴，人无德不立”，将“核心价值观”内化于心是“立德”的重要体现，“核心价值观”是大德，是国家的德、社会的德。[②] 在2016年12月7日至8日全国高校思想政治工作会议的讲话中，习近平总书记将“立德树人”上升到高校立身之本的高度，他指出：“高校立身之本在于立德树人。”“要坚持把立德树人作为中心环节。”[③] 从此高校的“立德树人”问题成为学者们关注的焦点，成为教育工作者和学者们孜孜不倦理论和实践探索的主题。在党的十九大报告中，面对新时代的形势发展，习近平总书记着重指出：“要全面贯彻党的教育方针，落实立德树人根本任务。”[④] 2018年5月2日，在北京大学师生座谈会上的讲话中，习近平总书记关于“立德树人”再次发表了“人无德不立”的重要观点：“人无德不立，育人的根本在于立德。”“要把立德树人的成效作为检验学校一切工作的根本标准……做到明大德、守公德、严私德。”[⑤]

---

① 胡锦涛．坚定不移沿着中国特色社会主义道路前进 为全面建成小康社会而奋斗——在中国共产党第十八次全国代表大会上的报告［M］．北京：人民出版社，2012：35.

② 习近平．青年要自觉践行社会主义核心价值观——在北京大学师生座谈会上的讲话［M］．北京：人民出版社，2014：4.

③ 习近平．习近平谈治国理政：第二卷［M］．北京：外文出版社，2017：376.

④ 习近平．决胜全面建成小康社会 夺取新时代中国特色社会主义伟大胜利——在中国共产党第十九次全国代表大会上的报告［M］．北京：人民出版社，2017：45.

⑤ 习近平．在北京大学师生座谈会上的讲话［M］．北京：人民出版社，2018：7.

习近平总书记在2018年的全国教育大会的讲话中再次做出重要指示，“要把立德树人融入思想道德教育、文化知识教育、社会实践教育各环节”。[①] 在2019年3月18日的学校思想政治理论课教师座谈会中，习近平总书记强调“用新时代中国特色社会主义思想铸魂育人”，“贯彻党的教育方针落实立德树人根本任务”，进一步阐明了高校教育工作者落实“立德树人”教育根本任务的重要责任，将“高校立德树人”的实践主题推向了更高峰，也使更多的教育工作者关注并围绕这个主题进行研究。

三、立德树人与以文化人的内在契合性

（一）“德”是“文”的内核

“以文化人”意指借助一定的文化资源，实现对人的教化和引导。习近平总书记在论述中多次提到“以文化人”的教育方式，强调要“努力用中华民族创造的一切精神财富来以文化人、以文育人”。[②] “以文化人”的关键在于以何“文”化人，通过借助何种文化资源，最终达到什么样的教育培养目的。

“文化的核心是价值观”[③]，文化是价值观的载体，价值观最终决定了文化软实力的强弱，以及文化的影响力与感召力。并非所有的“文化”都能用以化人，有学者指出，空泛浮夸的“文化”不能化人，附庸风雅、急功近利、流于形式的“文化”也不能用以化人。[④] “文化”能否产生化人的作用，关键在于其是否能为人提供内在的精神动力，能否在价值观上引人崇德向善。“文化”的优劣与否，及其能否在人类社会源远流长地发展传播，由其所承载的价值内核决定。优秀的“文化”资源必然能够促进人更全面地发展自身，塑造人健康的精神面貌，从整体上引导社会形成和谐的秩序与优良的风气。为达到“以文化人”的目的，必然需要借助优秀的“文化”资源，没有优秀的“文化”资源，不足以支撑实现“化人”。优秀的“文化”资源广

---

① 教育部课题组．深入学习习近平关于教育的重要论述［M］．北京：人民出版社，2019：10.

② 习近平．习近平谈治国理政：第一卷［M］．北京：外文出版社，2018：164.

③ 汪信砚．社会主义核心价值观与当代中国文化软实力研究［M］．北京：人民出版社，2018：84.

④ 满炫．“以文化人”理念下高校文化育人目标的价值取向及科学设定［J］．江苏高教，2018（5）：68－71.

义上包括优秀的文学作品、法律条令、艺术作品、民俗传统以及精神传统等内容。优秀的“文化”资源具有不同的外在形式，但其内在都体现了“德”性的精神，充分彰显了“道德”的力量。“以文化人”的目的在于通过用优秀的文化资源对“人”进行感化、教化与引导，实现其对“德”认识的深化，并进而将“德”内化于心，达到“立德”的最终目的。而“文”是“德”的载体，“文”是实现价值观内化的介质。在新时代的今天，中华民族以中国特色社会主义文化化人，中国特色社会主义文化以优秀传统文化、革命文化、社会主义先进文化为核心内容。

(二)“文”是“德”的载体

文化的传承对于人类社会的延续发展具有重要意义，文化的传播与传承促进了思想的交流、知识的传播，是人类文明进步发展的重要基础。作为思想、情感和精神载体的文化，是人的精神产品。就其本质而言，从广义上讲，可以将其划分为物质文化与精神文化。以物质文化为例，物质文化包括人类所创造发明的历史建筑、传统美食、传统服饰、民族习俗等，其形式为具体的物质，或特定的与生活相关的习俗与生活方式。而物质之所以可以被视作一种“文化”，根本原因在于其是一定价值观的载体，承载了特定的历史记忆，积淀了人在从事与其有关活动过程中的思想与情感。事物内在的思想内涵，所承载的价值观内容，赋予了其相应的文化功能。“文化”是人在生产实践活动中“人化”后的产物，“文化”所具有的外在形式不同，但其发挥着传承文明、发展文明的重要作用。人类在生命活动的过程中不断创造着“文化”，同时人类社会的一系列重要活动必然需要依托“文化”以进行。“文化”在人类教育、宣传、生产等一系列活动中发挥着载体的作用，人类从“文化”的载体中汲取营养，提高认识，达到日用而不知的被教化引导的目的。

“文化”是人类社会道德的重要“载体”，将对“德”的思想认识寄寓于“文化”中，并通过“文化”以实现教化育人，是“文化”被创造、被传播的重要原因所在。习近平总书记指出，中国传统文化中的学问，都注重其经世致用的价值，通过“发挥文以化人的教化功能”，实现对个人、社会的价值引导，进而达到治理国家的德治的目的。① “文化”是用以彰显“德”内

① 习近平．在纪念孔子诞辰2565周年国际学术研讨会暨国际儒学联合会第五届会员大会开幕会上的讲话［M］．北京：人民出版社，2014：5．

涵的主要形式，在中国传统文化中，“文化”的核心意义在于促使人成为“文明”的人。孔子秉承“有教无类”的教育观，认为只要通过用先进的文化对人进行教化，可以让王化之外的蛮夷产生荣辱羞耻的道德感。孔子认为，在文化的教化与感化下，任何人都可以突破自身的局限性，成为自觉的人。在孔子的文化观与教育观中，教育没有种族与血统的界限，用具有“德性”精神的优秀文化化人，任何人都能成为“文明”人。儒家学说对中华民族的文化传承与发展产生了积极深远的影响，中华民族在历史发展过程中形成了崇德务本的优良思想传统。重视“德行”、重视“有教无类”是中华民族重要的文化传承准则，中华民族的文化具有“德性”的内在特征。“文化”不仅是“德”最常规的载体，也是弘扬、传播“德”最好的形式。

（三）“化人”的目的在于“树人”

“树人”的概念最早出自《管子·权修》，《管子·权修》以“终身之计，莫如树人”来形容“树人”并非朝夕之事，具有长期性与复杂性的特点。从狭义上来看，“树人”仅仅意为将人培养为人才。但从广义角度而论，“树人”不仅指使人成才，更包含了促使人实现自立、自强、自觉、自信的深刻含义。“树人”蕴含着授之以渔的价值意蕴，意味着通过教育，使人具有自主的能力，充分发挥自身的主观能动性。在“立德树人”的整体概念中，“立德树人”意指使“人”与“德”一体化，使“人”与“德”成为有机的统一体，使“德”的内涵内化为“人”的价值观与行为规范，同时也使“人”成为“德”的传播者和载体。“立德树人”致力于使“人”在道德修养上成为具有自主、自觉道德意识的主体，并进一步形成自强、自立、自信的人格。

“立德树人”需要依托一定的方法以实现，“以文化人”是实现“立德树人”重要的方法、途径，“以文化人”与“立德树人”在价值追求上具有一致性，在内涵实质上则具有相通性。“以文化人”在目的上有其特定的价值指向性，通过以“文”为载体的教育活动，实现对“德”的弘扬与传播，最终达到教化育人的根本目的。“化人”所体现的教育效果，并非影响力有限、停留于表面、止于形式的结果。“化人”同样包含着引人以自立，激发人自觉性的“授之以渔”的价值意蕴。“化人”所追求的是长期性、持久性、根本性、彻底性的育人结果。“化人”是方法的体现，重在体现教育的过程。但“化人”的最终价值取向体现在“树人”的结果上，“化人”所追求的价值目标与“树人”的结果具有一致性。“化人”的目的在于“树人”，即通过“化”的教育方式，实现对人的彻底性改造，终而达到“树人”的根本目的。

第二章　以文化人视域下高校立德树人研究的理论来源

从学科属性而论，落实“立德树人”根本任务是中国特色社会主义高校思想政治教育学科要研究和解决的问题，集政德、公德、私德的建设培育于一体。“立德树人”是彰显着中国文化特色、民族特色的教育实践问题，以文化人、以文育人是实现立德树人的必然需要，对青年文化自信和文化自觉的培养也是落实“立德树人”根本任务应有的内容。也鉴于这样的思考，本论文题为“以文化人视域下高校立德树人研究”。基于“以文化人”的场域思维，对高校立德树人的问题展开研究。有学者指出：“中国的德育理论不应该是从国外学派那里简单地演绎和移植而来的产物，而应该是在历史唯物主义视域中研究“中国问题”、为德育活动提供前导性核心理念、思维方式的独特理论。”① 正是鉴于这样的现实需要，研究中国的思想政治教育问题，必然需要选择与之相适应的理论资源和文化资源，为研究提供最为根本的理论指导、思维启示和思想依据，从而使理论与实践相统一，使研究真正切入到问题的实质。论文题目本身是一个学术观点的体现，而观点并非凭空形成，现实的问题为观点形成提供了最直接的素材。而对现实素材的思想加工并非天马行空地主观臆断，需要以人类文明已有的先进理论和优秀文化为借鉴思考的依据。

一、马克思主义的理论支撑

马克思主义为认识和改造世界提供了科学的思维方法和理论视野，以辩证唯物主义和历史唯物主义的世界观和方法论对事物进行研究，是准确把握

① 孙迎光．马克思总体性视域中的德育探索［M］．上海：上海三联书店，2015：67.

事物本质和规律的起点。习近平总书记指出，虽然从《共产党宣言》发表到今天过去了一百七十多年，但马克思主义所阐述的一般原理仍然是完全正确的。[①] 马克思主义为分析今天的现实问题提供了科学的理论依据和支撑，以马克思主义为认识事物、剖析事物的思想武器，有助于对事物的认识从现象深入到本质，为合规律、合目的地实践提供了科学的理论指导。

（一）马克思主义文化观的理论支撑

虽然在马克思恩格斯的诸多著作中，“文化”一词鲜有出现，也没有与文化直接有关的系统理论，但通过马克思的政治观、经济观、社会观、哲学观、历史观以及生态观可以透视他的文化观。在纪念马克思诞辰200周年大会上，习近平总书记特别强调“学习和实践马克思主义关于文化建设的思想”，由此也可见，马克思主义的文化观不仅客观存在，而且对于今天的精神文明建设和思想政治教育仍具有重要的理论指导作用。

在马克思恩格斯的著作中，虽然没有文化的直接概念，但意识形态、上层建筑、社会意识、意识形式、文明、精神、科学知识等概念阐明了马克思的文化观。马克思对文化的认识以现实事物的存在为基础，一个社会孕育何种文化，是由其社会存在（经济基础）决定的，政治、法律、道德、宗教等是文化的表现形式。“人们的想象、思维、精神交往在这里还是人们物质行动的直接产物。”[②] 社会文化（社会意识）不是某种虚无缥缈的人性、理性的精神产物，更不是来自精英或天才突然的灵感创造，也不能以抽象的“民族精神”、“种族特性”的角度来理解。人类是自己思想的创造者，但这种创造建立在生产力的制约基础上。[③] 文化的形成与发展固然是精神生产的过程，但这种精神的生产建立在物质生产的基础之上，是已存在的历史实践和当前社会存在总和所孕育的结晶，是对属人的生活的真实反映或精神加工。文化是以人类历史发展、生产力发展为基础，由量变到质变积淀的精神产物。虽然文化的创造和发展由社会存在决定，但文化同时又具有相对的独立性，反作用于社会的存在，对社会的经济基础产生不可无视其存在的抽象

---

① 习近平．习近平谈治国理政：第三卷［M］．北京：外文出版社，2020：75.

② 马克思，恩格斯．马克思恩格斯选集：第1卷［M］．中共中央马克思恩格斯列宁斯大林著作编译局，译．北京：人民出版社，2012：151.

③ 马克思，恩格斯．马克思恩格斯选集：第1卷［M］．中共中央马克思恩格斯列宁斯大林著作编译局，译．北京：人民出版社，2012：152.

力。“政治、法、哲学、宗教、文学、艺术等等的发展是以经济发展为基础的。但是，它们又都互相作用并对经济基础发生作用。”[①]

在马克思的文化观中，文化不是一种抽象、神秘的存在物，文化的存在与发展始终与人的实践活动息息相关，是人实践活动的能动的反映。马克思把人的活动视为“对象性的活动”、“现实的活动”、“感性的活动”，人的活动具有“主体的”、“实践的”、“能动的”特性。[②] 现实中人的实践活动是主客体统一的最终结果，主体能动地作用于客体，使客体不再是原本的客体，而是发生对象化的转变。同时主体也受到客体的反馈影响，主体对客体的认识不是直观的，而是在实践中能动地综合了主观和客观的共同因素，故而是“感性”的。人的实践活动建立在与自然界、人类社会相互作用、联系的基础上，二者被人这个主体不断“对象化”和“人化”，而对于人自身也不断在“对象化”、“人化”的实践过程中，能动地发展着自身的认识，并进行精神生产（文化）。因此，马克思的文化观是实践的、发展的文化观，人类不断从事实践活动是不断创造与发展文化的过程，文化同时又相对独立地影响着人的存在与促进人自身的发展。理解何为“文化”，以及认识“文化”与人的关系，要从实践的角度出发，文化与人之间存“人化”与“化人”的辩证关系。

马克思主义文化观为“去魅”地认识文化，从原理上解析文化的存在，认识文化的本质、文化发展的规律提供了充分的依据和支撑。通过马克思主义的文化观，不难认识到，文化与人类社会的进步发展是相互作用、相互依存的关系，文化与人的生活息息相关，无所不在、无微不至地渗入到人认识形成和发展的各种社会活动中。而人塑造世界观、培育价值观、树立人生观的实现立德树人的教育过程，同时也是一个创造文化和被文化塑造的过程。在高校贯彻立德树人根本任务的教育实践过程中，马克思主义文化观为正确认识文化的功能和定位，实现对文化资源的整合和转化，充分发挥文化化人和育人的作用，提供了重要的理论指导。“立德树人”与“以文化人”是否具有内在一致性，马克思主义文化观为此提供了重要的理论依据。同时，马克思主义文化观也为“高校实现立德树人何以需要以文化人”提供了重要的理论支撑。

---

① 马克思，恩格斯．马克思恩格斯选集：第1卷［M］．中共中央马克思恩格斯列宁斯大林著作编译局，译．北京：人民出版社，2012：152.

② 马克思，恩格斯．马克思恩格斯选集：第1卷［M］．中共中央马克思恩格斯列宁斯大林著作编译局，译．北京：人民出版社，2012：133.

(二) 马克思主义人学观的理论支撑

马克思主义是关于全世界无产阶级和全人类彻底解放的学说,[①] 其立场、观点、方法具有先进的价值指向性，为人类文明未来的进步发展指明了科学合理的道路，也为人如何改造自身、发展自身，乃至“革命的实践”改造世界指引了正确的方向。

马克思主义的理论学说在为改造世界指出出路的同时，也为如何实现对人的改造作出了指导。马克思主义理论中关乎人改造的思想观，不是简单从价值批判的角度出发去论证，更不是以乏力的道德说教为最终目的。马克思主义是立志于通过改变社会的生产关系，乃至从根本上改造人的伟大学说。马克思主义以人的根本为出发点，通过对资本主义社会不可调和矛盾的揭示，对人类社会未来必然发展趋势的论证，从消灭旧有资产阶级社会、成立自由人联合体的世界历史发展角度，对人提出了具有世界历史性意义的进步要求－“每一个人的全面而自由的发展”。“而在共产主义社会里，任何人都没有特定的活动范围，每个人都可以在任何部门内发展，社会调节着整个生产。”[②] “根据共产主义原则组织起来的社会，将使自己的成员能够全面发挥他们的得到全面发展的才能。”[③]

在马克思所提出的人的全面而自由的发展观中，虽然并没有对人应然的道德伦理观作出说明，但却阐述了自由全面发展的人存在的历史条件和社会土壤，间接反映了在共产主义社会阶段人与人之间的交往关系，以及在共产主义的社会环境下，作为自由而全面发展的人应有的生活面貌和精神世界。马克思对共产主义原理、原则的阐释，以及对共产主义社会中人更为理想发展状态的描述，为社会主义国家人才的教育培养指引了方向，同时也为社会主义国家基于人才培养的需要而开展的各类教育活动和文化建设活动明确了最根本的价值指向。

自新中国成立以来，在中国共产党的领导下，中华民族一直以实现共产主义为最高使命目标。为实现共产主义的伟大理想，中国特色社会主义坚持

---

① 刘建伟．红色文化融入高校社会主义核心价值观教育研究［M］．北京：人民出版社，2018：54.

② 马克思恩格斯文集：第1卷［M］．北京：人民出版社，2009：537.

③ 马克思，恩格斯．马克思恩格斯选集：第1卷［M］．中共中央马克思恩格斯列宁斯大林著作编译局，译．北京：人民出版社，2012：308.

以马克思主义为根本的指导思想，通过与中国国情结合，确立了以先进生产力发展为方向的物质文明建设观，以及以先进文化发展为导向的精神文明建设观，为人的自由而全面发展的实现不断开创现实和历史条件。中国特色社会主义将“立德树人”作为教育的根本任务提出，其目的是要培养怀有“大德”、“公德”的时代新人。通过加强社会和学校以先进文化为价值导向的精神文明建设，使人在先进的思想文化氛围中，掌握马克思主义科学的思想观点，从而培养广阔的理论视野，成长为中国特色社会主义合格的接班人，在合规律合目的的历史实践中，使自己和社会共同体中的每个人真正得到自由全面的发展。马克思主义关于人的解放及自由全面发展的思想，为中国特色社会主义高校贯彻立德树人教育根本任务提供了重要的理论依据和支撑，从本质上明确了立德树人的意义所在和价值追求。马克思主义的自由全面发展观同时也对实现立德树人需要什么样的精神文化作出了回应，为以何文化人、如何文化建设的问题提供了根本的价值指向。

二、中国共产党领导人教育思想的理论指导

中国共产党历任领导人在对马克思主义中国化道路的探索与实践过程中，总结了宝贵的思想政治工作经验，形成了自身对文化建设与人才培养问题的独特思想见解，为中华民族的思想宝库留下了厚重的精神财富。这些思想财富对中国特色社会主义的国家治理、制度设计、经济建设、文化发展、人才培养都具有重要的理论价值和参考意义。历任中国共产党领导人所总结的思想政治工作经验和在实践中所形成的人才培养思想观，对中国特色社会主义当下和未来的人才培养具有重大的借鉴和参考价值，为中国化教育道路的进一步探索，为社会主义事业的人才培养机制更加完善发展、为社会主义人才队伍的培养以及人的自由全面发展提供了重要的思想启示和理论指导。本文之所以从“以文化人”的视域研究高校的立德树人问题，也源自受到中国共产党领导人思想中以文化人、以文育人的思想元素的启发和指导。中国共产党历任领导人都重视党和群众的精神生活，重视社会主义的文化建设，在文化建设过程中实现对人的教育改造，用文学、艺术、文艺作品等形式多样又具有亲和力的方式达到潜移默化的教育目的。中国共产党领导人与此相关的重要论述是来自于实践的精华，为现实中高校实现“立德树人”教育目标提供了更具大众化、更具亲和力、更具灵活性的方法思维和理论视野。

（一）毛泽东建设新文化以教育人民思想的指导

改造中国旧有的文化，建设国家、民族的新文化，是毛泽东思想中的重要组成部分，也是毛泽东在探索马克思主义中国化道路上重要的实践内容。毛泽东把文化建设视为中国革命必不可缺的重要环节，通过一系列积极有效的文化教育与建设举措，提高了中国人民整体的思想认识水平，达到了有力地教育群众和团结群众的目的。毛泽东通过建设新文化，从根本上重塑了中国人民的价值观，使中华民族焕发出新的精神活力。

在1920年的第一次革命战争时期，青年毛泽东就意识到了文化对于强国兴魂的重要价值，他呼吁只有创造具有革命性的“新文化”，才能真正教育与凝聚中国人民以救亡图强，这对于旧中国具有迫切的现实意义，为此他指出：“诸君，我们如果晓得全世界尚没有真正的新文化，这倒是我们一种责任呵。”[①] 在《新民主主义论》中，毛泽东提出要建立“一个被新文化统治因而文明先进的中国”[②]。毛泽东所领导的文化建设和文化教育充分体现了这种宗旨，通过文化建设使文化服务于反帝反封建的革命和阶级斗争，通过文化教育使马克思主义的思想观点、共产主义的理想深入人心。斯诺曾在《红星照耀中国》一书中，这样形容革命文化熏陶下的革命战士：“这是一支有文化有理想的军队，他们懂得为何而战。”清楚地讲明了共产党领导的人民军队为什么有出色的战斗力。毛泽东所倡导的文化教育，是服务于人民的文化教育，在内容上具有这样的特征“民族的、科学的、大众的文化，就是人民大众反帝反封建的文化，就是新民主主义的文化，就是中华民族的新文化。”[③] 也正是基于这样的革命需要，毛泽东所倡导的文化教育与革命实践紧密结合，使中华儿女通过文化教育以认识世界和改造世界，“让亿万劳动人民都能成为享受到文明幸福的目标。”[④] 通过文化的振兴和文化的教育，中国人民从文化中不断汲取革命和自强的精神动力，从文化中树立起伟大的理想和信念，文化铸就了中华儿女百折不挠、先进文明、智慧勇敢的灵魂品格，使中华民族整体的精神面貌焕然一新。

在新时代的今天，中华民族要实现伟大复兴的宏伟目标，就不能忽视文

---

① 中共中央文献研究室．毛泽东早期文稿［M］．长沙：湖南人民出版社，1990：538.

② 毛泽东．毛泽东选集（第2卷）［M］．北京：中国人民出版社，1991：663.

③ 毛泽东．毛泽东选集（第2卷）［M］．北京：中国人民出版社，1991：707.

④ 周旺东．王国平．论毛泽东文化思想的强大精神动力和生命力［J］．求索，2014（8）：11—14.

化软实力在民族复兴进程中的巨大作用，只有充分发挥文化在教育中的价值观影响力，才能激发新时代所需的时代精神，培育出“德智体美劳”全面发展的合格时代新人以担负复兴重任。“少年强则国强”，中华民族伟大复兴的根本在于人。新时代“立德树人”教育根本任务的提出蕴含着这样的时代之思，通过中华民族人才的兴盛，为中华民族的伟大复兴积蓄厚积薄发的力量。而也正是基于强国兴魂的人才培养需要，中国特色社会主义高校在贯彻“立德树人”的教育根本任务过程中，更是要用好高校中的文化资源并充分发挥其内在的教育势能，以更好地达到“立德树人”的教育效果。而毛泽东的文化建设和教育观，为新时代高校的“立德树人”提供了重要的现实启示和理论参照。毛泽东通过历史实践证明了“文化育人”在价值观塑造过程中的强力作用，明确了今天高校通过“文化育人”路径实现“立德树人”的无限可能。通过历史经验更是可以获知，在教育过程中以文化人具有渗透力强、方法灵活、形式多样的优点，新时代高校立德树人的实践要充分借鉴这些有用经验。最关键之处在于，毛泽东的文化教育观，启示了我们文化之所以能够教育和感召人，关键在于其所代表的立场和核心的价值观。只有亲近群众，以服务于人民的根本利益为宗旨的文化内容，才能具有生命活力地传播和发展，吸引更多人对文化产生认同和共鸣。新时代高校要实现“立德树人”的教育目标，就必然需要以先进文化、智慧文化、道德文化育人，而最根本的在于以服务于人民的文化内容、以站在人民立场的文化内容教育和感召青年。在新时代的教育实践过程中，只有与时俱进地弘扬以民为本的优秀文化内容，才能真正吸引人、凝聚人、教育人，实现青年的立德树人，实现中华民族伟大复兴。

（二）邓小平加强精神文明建设以育新人思想的指导

在邓小平的社会主义精神文明建设和文化建设思想中，加强社会主义的思想道德建设，提升人的思想道德水平是其中的重要内容。邓小平在关于社会主义的建设问题中指出：“不仅经济要上去，社会秩序，社会风气也要搞好，两个文明建设都要超过他们，这才是有中国特色的社会主义。”[①] 邓小平认为，社会主义的优越性不仅是体现在物质文明的发达程度超过资本主义，更要体现于精神文明的高度发达，即社会整体的风气和秩序要优于资本

---

① 中共中央文献研究室．邓小平思想年谱（一九七五——一九九七）[M]．北京：中央文献出版社，1998：462.

主义社会，社会主义中的每个个体应具有更高的道德自觉性和思想先进性。为此，邓小平提出了“四有新人”的人才培养目标，并通过推动社会整体的精神文明建设、文化建设，服务于“四有新人”的教育培养。而通过精神文明建设推动“四有新人”培育的观点，邓小平对此有过多次论述。之所以要建设社会主义精神文明，“最根本的是要使广大人民有共产主义的理想，有道德，有文化，守纪律”。[①] 在中国特色社会主义的未来，通过精神文明建设，“要教育人民成为‘四有’人民，教育干部成为‘四有’干部。”

新时代中国特色社会主义“立德树人”教育根本任务的提出，本质上是对“四有新人”社会主义人才培养理念的一脉相承和发展，两者都致力于社会主义的思想道德建设，在价值追求上具有根本的相通性。新时代高校要使青年立德和成才，培养青年树立共产主义的理想信念是教育的根本，只有坚持这个根本性立场和信念的培养，才能由此衍生出青年有道德、有文化、守纪律的优良品质。而要达到这样的教育培养目的，加强高校的精神文明建设是必然的需要。从更具体的角度而言，高校的文化建设是精神文明建设的重要体现，校园文化建设是提升校园整体精神文明水平的重要途径，这有助于更好的解放思想、培养求真求实的思想氛围，而这也是立德树人、培育“四有新人”的必然需要。

（三）江泽民以先进文化引领人思想的指导

江泽民的先进文化发展观从根本上指明了社会主义文化建设最本质的方向。“我们党要始终代表中国先进文化的前进方向。”[②] 先进文化发展观对于构建和发展中国的社会主义文化，为社会主义培养有理想、有信仰、有文化的新人具有重大的理论意义。同时，先进文化发展观也是对邓小平精神文明建设思想和“四有新人”培育思想的继承和发展，是服务于社会主义初期阶段社会生产力发展和思想道德建设二者兼顾的思想。江泽民认为，中国共产党在社会主义文化建设过程中需要发挥核心的领导作用，使文化建设呈现出以先进文化为指向的发展方向，从而实现以先进文化为引领人，为社会培育科技型、创新型能为社会主义生产力发展带来切实效益，同时也具有良好的

---

① 中共中央文献研究室．邓小平思想年谱（一九七五——一九九七）［M］．北京：中央文献出版社，1998：253.

② 江泽民．在庆祝中国共产党成立八十周年大会上的讲话［M］．北京：人民出版社，2001：18.

思想政治素质和道德品质的新人才。中国特色社会主义所需要的有“德”之才，是能够为社会主义生产力发展贡献力量的人才，这种力量既包括对先进的科学知识的把握，也包括具有卓越的思想道德水平和最根本的政治素养。

江泽民的以先进文化为导向的文化发展观和素质教育培养观对于新时代高校立德树人具有重要的理论借鉴和启示意义。新时代中国特色社会主义高校人才培养的目标追求，是对江泽民提出的素质教育思想的继承和发展。江泽民从根本上指出，“思想政治素质是最重要的素质”。① 把关好思想政治素质的教育是尤为关键的核心，新时代青年思想政治素质的培养是“立德”的根本，高校坚持以马克思主义思想为指导，加强思想政治素质的教育是立德树人的根本保障。江泽民还提出“实施科教兴国的战略，关键是人才”，从科技创新、科教兴国两个角度论述人才的培养方向。② 在科学技术日新月异发展的今天，科技型和创新型人才是推动生产力发展的骨干力量，中华民族伟大复兴不仅需要拥有良好政治和文化素养的社会科学工作者，同样需要拥有良好自然科学专业知识的科技工作者。因此，新时代高校立德树人包含了这样的价值追求，通过以先进文化为导向的价值观教育，使新时代青年思想上崇尚先进文明的政治观、道德观、哲学观，知识上重视先进的科学技术，使追求先进生产力发展、追求先进思想的理念内化于心，为复兴伟业培养具有卓越的思想政治素质、专业知识素养的德才兼备人才。

（四）胡锦涛“德育为先、以人为本”思想的指导

胡锦涛同志是第一个提出“立德树人”根本任务的国家领导人，胡锦涛同志人才培养思想的深层逻辑充分体现了科学发展观。通过对胡锦涛人才培养的重要论述进行解读可以发现，“德育为先”、“以人为本”的核心理念贯穿其中，这是“立德树人”教育根本任务提出的思想根基。胡锦涛曾多次强调“学校教育、育人为本，德智体美、德育为先”。③ 学校为社会主义事业培养有用的人才，既要在微观上做到以人为本，尊重个体的个性发展，依据特长而因材施教，以充分发挥人的主观能动性。更要在宏观上培养青年优良的思想品德和思想政治素质，体现“德育为先”的重要原则，培养能够肩负

① 江泽民．江泽民文选（第二卷）[M]．北京：人民出版社，2006：332.

② 江泽民．江泽民文选（第一卷）[M]．北京：人民出版社，2006：435.

③ 卢波．胡锦涛同志高校德育思想探析 [J]．毛泽东思想研究，2012（11）：78—83.

中华民族伟大复兴重任的可靠之才。胡锦涛多次提到“文化育人”的教育观，他在论述中强调，“高等教育是优秀文化传承的重要载体和思想文化创新的重要源泉”，“文化育人”与社会主义核心价值观教育是相互助益、相互互补的关系。① 依托于文化以开展教育，才能达到为国家和民族培养社会主义事业发展有用人才的目的。贯彻“德育为先”、“以人为本”的育人理念，重在培养青年对社会主义核心价值体系产生认同并能够积极践行之。青年只有形成对社会主义核心价值体系的科学理解和丰富认识，才能使社会主义核心价值体系内化为指导自身发展的重要思想原则，从而充分发挥自身在社会主义建设过程中的主观能动性。

新时代高校要完成立德树人的教育根本任务，必然需要将“德育为先”、“以人为本”的教育原则贯彻到底。“立德树人”含有成就人才、造就人才的思想意蕴，具有使人得到充分发展、得到全面培养之意。落实“立德树人”根本任务需要讲科学、讲原则、讲方法，充分尊重人、重视人，坚持“以人为本”的教育原则，才能使教育具有人情味和情感温度，使学生产生共情，从而感化人、凝聚人。而要将“德育为先”的教育理念落到实处，必然需要把握好社会主义核心价值观的教育问题，使社会主义核心价值观作为引领思想的重要指针，这也是高校落实“立德树人”根本任务的核心要务。

（五）习近平以文化人思想的指导

习近平总书记在多次重要场合的论述中都提及“以文化人”、“文以化人”、“以文育人”的内容。关于如何弘扬传统美德的问题，习近平总书记指出要“古为今用、推陈出新”，“努力用中华民族创造的一切精神财富来以文化人、以文育人。”② 习近平总书记还指出，文化是人类“理性知识和实践知识”的积累，优秀文化能帮助我们更好地“认识世界、认识社会、认识自己”。③ 在论及如何弘扬爱国主义精神时，习近平总书记指出，要充分运用艺术形式和新媒体形式，把握“以理服人、以文化人、以情感人”的原则，达到生动传播爱国主义精神的效果。④ 2018 年 5 月，习近平总书记在北京大

---

① 胡锦涛．在庆祝清华大学建校 100 周年大会上的讲话［M］．北京：人民出版社，2011：9.

② 习近平．习近平谈治国理政：第一卷［M］．北京：外文出版社，2018：164.

③ 习近平．在纪念孔子诞辰 2565 周年国际学术研讨会暨国际儒学联合会第五届会员大会开幕会上的讲话［M］．北京：人民出版社，2014：14.

④ 中共中央文献研究室．习近平关于社会主义文化建设论述摘编［M］．北京：中央文献出版社，2017：128.

学师生座谈会上阐发了重要的观点："要把立德树人的成效作为检验学校一切工作的根本标准，真正做到以文化人、以德育人。"[①] 2018 年 8 月，习近平总书记出席了全国宣传思想工作会议，在论及"育新人"的问题时，总书记为了凸显"立德树人"与"以文化人"的有机联系，将二者并列提出："育新人，就是要坚持立德树人、以文化人"。[②]

理解习近平总书记以文化人的教育思想，必须将其与习近平总书记提出的文化自信和文化自觉观点进行有机联系。以文化人的目的在于培养、引导、启发人形成文化自觉，并在文化自觉基础上树立坚定的文化自信，从而为人的成长和自立提供最根本的智慧支撑和内在的精神力量。"以文化人"的教育指导思想，为新时代中国特色社会主义培育具有强烈历史责任感、使命感、自由全面发展的新一代自信自强青年提供了重要的思想启示和理论支撑，"以文化人"同时也为文化自信的实现指明了方向。从筑就信仰之基的角度而论，中国特色社会主义高校应着力破解的根本问题之一是青年对文化的认同和信仰问题。青年认同何种文化，关系到其最终形成何样的价值观，以及最终树立什么样的理想信念。习近平总书记"以文化人"的教育思想，为高校立德树人的实现提供了方法思维和理论支撑。习近平总书记"以文化人"的教育思想为高校贯彻落实立德树人教育根本任务提供了以下几个方面的指导和启示：

1. 传承与发扬中华民族优秀的精神基因是立德树人内在的应有之义

高校立德树人不仅关系着青年人的道德观培育，更内含着铸魂育人、造就中国人的精气神，传承中华民族伟大精神基因的教育使命。高校立德树人的使命之一在于，使中华文明的蓬勃发展拥有赖以存在的精神根基。中华民族之所以历经千年仍具有强大的思想凝聚力和精神上振奋人心的感召力，"很重要的一个原因就是中华民族有一脉相承的精神追求、精神特质、精神脉络"[③]。中华民族之所以不同于世界其他民族，根本原因在于拥有独特的文化品格，并基于文化而形成的伟大民族精神。伟大的民族精神为中华民族的自立自强提供了根本的动力源泉，中华民族也因此不断创造出辉煌的文明成果，而中华民族的精神宝库也在新的实践发展过程中不断得到丰富和滋养。传承

---

① 习近平．在北京大学师生座谈会上的讲话［M］．北京：人民出版社，2018：7.

② 习近平．习近平谈治国理政：第三卷［M］．北京：外文出版社，2020：312.

③ 中共中央文献研究室．习近平关于社会主义文化建设论述摘编［M］．北京：中央文献出版社，2017：124.

中华民族的伟大民族精神，发扬社会主义伟大的时代精神，使青年一代形成坚定的民族自信心和高度的民族自豪感，是新时代教育不可忽视的重要任务。也正是缘于精神基因的传承需要，新时代高校要加强优秀传统文化和革命文化的教育与弘扬，只有鲜活、生动地阐释清楚中华民族先贤先烈们的精神信仰和精神追求，让新时代青年真正代入到前人的精神世界和精神生活，才能培育青年形成对民族精神中衍生出的伟大人格的向往和尊崇，并在新时代践行与发扬这种伟大的精神品格，而这也正是立德树人所要追求的效果体现。

2. 立德树人要坚持以中国文化为本的根本立场

习近平以文化人的教育思想，为高校立德树人确立了最基本的文化定位，对于中国特色社会主义育人事业对“元问题”的把握具有巨大的价值意义。要推动高校立德树人工作的发展，就不能普适性地理解价值观教育，更不能缺失价值观教育中应有的文化内涵。每一种价值观的形成都有其特定的文化背景，对价值观的阐释如果脱离具体的文化背景和生活情境，价值观就成为一个空泛虚化的概念，即使教育过程本身具有丰富的逻辑论证，也不能基于生活实践引发对价值观的根本认同。只有基于对价值观所来源的文化背景的认识，基于对文化内涵的理解，才能引发将价值观内化于心的真实感受。高校立德树人不仅不能缺失教育过程中的文化内涵，更需要坚持价值观教育过程中的文化自信、坚持民族文化的主体性地位。民族文化为价值观、人生观奠基提供了最根本的汲养，只有坚持民族文化在以文化人中的主体地位，才能培育与中华民族的实践需要、国情需要相适应的“德”，培育对国家、民族有热烈真情的人。也只有拥有坚定的文化立场，才能辩证地对待世界其他民族的优秀文化，并汲取其中优秀成分以发展中华文化，并在不断发展创新文化的熏陶下，培育更为优秀的新一代青年。

3. 高校立德树人和树立文化自信是相辅相成的关系

立德树人不仅是一个自觉性的人格培养过程，同时也是一个文化人格的树立和培养过程。高校立德树人要培养的是具有中华民族传统美德、具有革命先辈优良精神品质、拥有社会主义先进精神面貌的新时代青年，是一个集价值观培育和树立文化自信于一体的相辅相成的教育引导过程，树立青年坚定的文化自信是高校立德树人的题中应有之义。新时代青年要实现自身的立德树人，坚定自身的文化自信是必然的前提需要。从另一方面而论，青年实现自身的立德树人是一个不断自我完善、提升的自觉的成长过程，这个自觉的过程也使自身的文化自信得到了更进一步的坚定。“中华文化独一无二的理念、智慧、气度、神韵，增添了中国人民和中华民族内心深处的自信和自豪。”[①] 中国特色社会主义文化蕴含着正直、勇敢、诚信、和平、公平等极具正能量的价值元素，对中国特色社会主义所创造伟大文化树立自豪感与自信心，也标志着对中华民族内里所蕴藏的精神操守、高尚人格、浩然正气的自信和自豪，高校立德树人的目的之一就是要培育青年的一身正气，弘扬国家和社会的正能量，使中华民族的正气浩然长存。

三、优秀传统文化提供的智慧启示

牟宗三在回应“中国有没有哲学”的问题中，阐发了这样的观点：“什么是哲学？凡是对人性的活动所及，以理智及观念加以反省说明的，便是哲学。”牟宗三还指出，只要有文化体系的存在，就有基于这个文化体系所衍生的哲学。而中国文化源远流长和生生不息地传承发展，充分印证了中国哲学的智慧深沉和至今仍产生的巨大影响力。还有学者指出，“哲学”表现为对智慧的深层次追求。从这个角度来界定中国是否有哲学存在，答案是毋庸置疑的，中国文化从多个维度上体现了这种内在的规定性。[②] 冯友兰更是将中国哲学的主题定义为“内圣外王”，认为中国哲学“不但是要获得这种知识，更是要养成这种人格。”[③] 立德树人是一个充满中国智慧的人格养成过程，是一个激发和善乐美人格自我觉醒的过程，没有中国文化提供的哲学沉思，不能领略中国文化深层的智慧涵养，则难以真正铸就德性与理性合一的理想人格。也正是因为立德树人与中国文化具有不可分割的内在联系，通过以文化人的视域探究高校立德树人如何实现，在学术研究中具有巨大的现实意义，是不能回避的现实重要问题。而在这个研究探索过程中，中国哲学作为中国文化深层的哲思精髓，为研究提供了重要的智慧启示和理论支撑。

（一）赞天地之化育的“比德”“养德”思想境界

邹广文在《中国当代语境下的文化矛盾与文化走向》中，认为中国传统

---

① 中共中央文献研究室．习近平关于社会主义文化建设论述摘编［M］．北京：中央文献出版社，2017：15.

② 杨国荣．中国哲学：内涵和走向［J］．上海师范大学学报（哲学社会科学版），2018（9）：47—52.

③ 冯友兰．中国哲学简史［M］．北京：北京大学出版社，2019：10.

文化总体上看，是一个广义的道德价值系统，现实中以这个道德价值系统为标准构成了应有的合理社会秩序，而这种总体上对“德”的重视，构成了中国文化的“道德理性”特征。邹广文还指出：“如果说科学理性和工具理性最开始的关注对象是客观世界，特别是自然界的话，道德理性的关注对象是一个整体宇宙并且将自然界和人赋予自己理解的人格特征……科学理性或工具理性会将山川作为土壤、动物、植物等复杂元素的集合，道德理性则将山川作为在宇宙中同人平等的概念。”① 科学理性使人产生对山岳河流的好奇心，道德理性使人形成对天地万物的敬畏心和同理心，通过寄情山水的方式以“比德”、“养德”，是构成中国文化的重要的哲学思想。通过与天地自然相合，体悟更为广义的善美，从而养成伟大的人格和品性，一直是中国哲学独特的精神内涵，其他学者也对这种观点多有论述。学者黄琴声在著作中指出，从《易经》中可以追溯中华文化、中华文明的源头与轨迹，从中可以真正体会到中国人的精神特质——《易经》所阐释的核心内涵“天”。② 《易经》所阐释的、代表中国人精神特质的“天”，通常被称为“天道”，有别于抬头可见的自然之天，也有别于“人格神”和“自然神”的天，“天道”是古人对宇宙运行根本规律的对象化表述，“元亨利贞”是对天道创造万物、容纳万物、养育万物、统御万物、平衡万物、制裁万物特征的形容和概括，构成了《易经》的哲学框架，也是天道的基本内容和特征。而人通过效法“天道”，亨通天理，养“生物容物养物定品物”之德，从而通达明理，谦仁慎独，修身养性，治国齐家。这种在实践中不断认识“天道”，效法“天道”，追求修齐治平、始大善定的至善精神，奠定了中华文明的根，是中华文明内在“德性”精神特质的根源。尽管历史不断朝前发展，但中华民族对“至善”的追求从未停止，“立德树人”的教育理念，是对中华文明“德性”精神特质的继承和发展，其中就不能缺失对参赞天地化育以比德、养德哲学精神的继承和发展转化。

中华民族在新时代的教育中要真正实现“立德树人”的人格培养，需要在教育中培养对“立德”与“树人”的深层哲思，只有师者和学生都真正体会到中华文明中蕴含的伟大“德性”精神，才能成人成己。而这种深层哲思

---

① 邹广文．中国当代语境下的文化矛盾与文化走向［M］．北京：首都师范大学出版社，2019：98.

② 黄琴声．易经大义［M］．南昌：江西人民出版社，2018：2.

的培养，不仅来自作为理论形式存在的概念知识，更需要效法自然，通过参赞天地化育，以“比德”和“养德”的方式使对“立德”的认识丰富并内化。亚里士多德认为，要在相距遥远的事物中发现相似性需要洞察力。[①]“比德”与这种洞察力有异曲同工之妙，通过将人的德性、内在精神与自然万物对比，从而启发人。“比德”是一种对话与启发式教育，通过人与自然对话，从天地万物中受到熏陶、获得启迪，从而达到古人所说的“寄情万物，皆以养德”的精神境界。这种效法自然的人格陶冶，不是理性的语言所能概括，也不是科学公式可以表达，而是一种自然而然的“真”。德育的目的并非从知识层面掌握抽象的原则，而是要使学生在人格涵养上有所得。而这种效法自然的思想境界，所形成的认识已并非对纯粹自然的认识，而是以人类的思想文化同化自然，从而认识人化的自然、人格化的天地万物，自然被同化为人文范畴的事物。中华文化中效法天地自然、参赞天地万物以“比德”“养德”的哲学沉思，为以文化人视域研究新时代的高校立德树人提供了重要的智慧启示。

（二）人文化成：化成天下的修身成己树人之道

“观乎人文，以化成天下”的理念源自《周易·贲卦·彖传》。学者王冀生指出，“人文”有潜移默化地教育人的意蕴，“化成”的对象为“人”。[②]“化成”的目的是促进人能够修身、修己，在人的自我发展上授之以渔，使之进入不一样的人生境界。学者奚彦辉、姜颖南指出，“人文化成”蕴含着人是“可化”的价值意蕴，需要通过运用“人文”以化之。[③] 综合学者们的观点，“人文化成”是一种能够感召人、感化人、德化人、激励人乃至改变人的教育意境。“人文化成”所倡导的德育模式，具有方式多样、方法包容、追求实效、以人为本、引人向善和激励振奋的特征。具体而言，传统文化中“化成”的教育理念，蕴含着要使德育贴近生活、贴近实践的意蕴，要能够引发人基于生活实践的真实情感共鸣。而这种共鸣不是通过烦琐的理性分析或缜密细致的逻辑推论，而是基于现实环境的复杂性、人思想的多元化，通过亲民、推己及人的方式拉近心灵距离，针对不同对象，运用赋予寓意和内

---

① 保罗·利科．活的隐喻［M］．上海：上海译文出版社，2004：33.

② 王冀生．人文化成：对教育活动本义的再认识［J］．中国高等教育，2010（2）：34－36.

③ 奚彦辉，姜颖南．人文化成：中国“人文化成”的思想政治教育蕴涵与启迪［J］．东北师大学报（哲学社会科学版），2011（3）：197－200.

涵的事物或论述，传达或如阳春白雪，或如下里巴人的思想意境，引发所教化对象的共鸣。例如，若要感受何为孟子所说的“浩然正气”，通过文天祥的诗句：“天地有正气，杂然赋流形，下则为河岳，上则为日星，于人曰浩然，沛乎塞苍冥。”以及孟子所述“居天下之广居，立天下之正位，行天下之大道……富贵不能淫，贫贱不能移，威武不能屈，此之谓大丈夫”，这些论述虽然没有具体的推理、没有详细的论证，但是却比一切理性文本本身更具有思想感染力，彰显了具有浩然之气的思想意蕴，树立了具有浩然之气人格的高大形象。因此，“化成”所蕴含的教育形式，不仅包含了说理的形式，以情感人、美育化人、以德服人都是“化成”的应有之义，用以化人的“人文”包括人类创造的一切物质和精神总和，更包括了人本身，通过以身作则，推己及人，以强大的人格魅力服人、化人，并将这种人格魅力转化为一种文化基因，激励着一代又一代的人。

在中国古典哲学中，儒家充分发扬并阐释了“化成天下”的人文教育精神，并基于“人文化成”的哲学观形成了一系列的德化、教化思想和修身成己的树人观点，极大丰富了中华民族的精神文化宝库，将化成天下的教育理念和树人立己的自强不息精神深刻地融入中华民族的文化基因和灵魂血脉。“人文化成”的教育哲学，不仅意在用具有光明、博大、广袤意象的优秀思想文化资源去教化他人、感化他人，使一定的价值观种植于受教育对象的内心，更有“为己”之学的更深层内涵，如何使人率性修身，依据自己的禀赋天性，依据适合自己的道路和方式，发掘自己的潜力，使生命成长过程具有更多可能形式，成长为真正彰显自己价值、获得内心真正幸福和安宁的自己。用现代的语言表述，“化成天下”最终是要成就千千万万个有自我的个性、但又同时有道德的真善美的人，要养成具有充分德性自觉的人格，使尊重人个性的充分全面发展和社会共同体整体的和谐秩序相互统一，使人的真实、纯朴、善良秉性得到充分挖掘，共同构成和乐善美的大同的社会环境。在当代，高校德育要体现立德树人的效果，就不能缺乏对“人文化成”古老智慧的认识，从中可以汲取颇多有益的思想元素。德育要达到真正意义的“立德树人”，必然需要融汇入中国古典哲学中的人文精神，树立彰显中华人文精神的人格形象，在方法形式上务求发扬“人文化成”的德化感召力，使教育亲民、爱人，与生活融汇，达到“居无为之事，行不言之教”的教育理想状态。

第三章　高校立德树人的现状调查及问题分析

“立德树人”是党中央在新时代提出的具有高度战略意义的人才培养任务，自党中央提出“立德树人”的教育根本任务以来，中国特色社会主义各高校通过大量的教学实践和理论研究，积极有力地推动“立德树人”根本任务的贯彻与落实。高校为实现“立德树人”教育根本任务而教书育人的实践过程，并非处于无外力干扰的理想环境中。“象牙塔”作为社会中承担教书育人职能的重要场所，同时也发挥着社会的智库功能，是最新政治、文化、经济、科学技术等信息的汇集地，是重要的社会关系枢纽，与外部世界有着紧密的相互联系。人的思想意识来源于现实，世界整体政治、经济、文化、生态局势的变化发展无一不影响、制约着人的思想观念，外界事物的发展变化无时不影响着高校中师生的思想动态。“立德树人”任务的落实，不仅需要充分考虑外因的制约作用，而且要突破外在因素的制约，在合力作用结果下实现对人思想和人格的塑造。而落实“立德树人”根本任务的重要前提之一，是正确认识“立德树人”任务落实过程中存在的现实挑战，并分析其背后的形成因素。当前高校在教学、管理、评估、考核等一系列工作中尚存在不足，高校“立德树人”根本任务的实现尚存在理想与现实的差距。而高校落实“立德树人”任务过程中所遭遇的挑战不仅存在于高校内部，还有来自社会、国际环境的外在挑战。从世界历史发展的总体趋势来看，“社会主义事业仍然处在全球资本主义体系的包围圈中，社会主义受到了资本主义的冲击和挑战。”[①] 资本主义的冲击不仅表现在经济层面，同样体现于文化层面、精神层面的冲击，以及由此所引发的社会异化现象与道德滑坡现象。在显性可见的现实挑战背后，还存在制约“立德树人”任务落实的隐性因素。因

---

① 孟楠．大学精神文化创新的路径探析［J］．中国高等教育，2017（8）：58—60．

此，在落实“立德树人”任务的工作过程中，必然需要全面考虑这些不利因素，并基于整体性的视域构思对策。

一、高校立德树人的现状调查及数据分析

研究高校立德树人问题需要立足于现实，通过对现状的考察，以发现问题、探索规律。本部分以问卷调查的方式为主，并对部分案例进行专门访谈，以了解当前高校立德树人根本任务的落实情况，以及存在的具体问题。本问卷的调查对象是大学本科生。

(一) 高校立德树人抽样调查的基本状况分析

为全面深入了解高校立德树人根本任务贯彻落实的情况，以及其中存在的问题，我们向全国10所高校2000名在读大学生发放了本问卷。所调查的大学生存在地域、学历、专业、年级等差异，以避免调查统计过程中的样本重复。（表3－1）

表3－1　抽样高校、问卷发放与回收情况

高等院校	地域	层次	发放问卷量	有效回收量
华南理工大学	东南部	部属高校	200	190
浙江大学	东部	部属高校	200	191
吉林大学	东北部	部属高校	200	190
广西大学	西南部	省属高校	200	187
陕西师范大学	西北部	部属高校	200	190
华中师范大学	中部	部属高校	200	191
中国矿业大学（北京）	直辖市	部属高校	200	191
首都医科大学	直辖市	市属高校	200	191
北京信息职业技术学院	直辖市	高职高专	200	190
重庆城市科技学院	直辖市	民办高校	200	185

为尽量保证数据的客观性，问卷所发放高校的所在地域包括了东南部地区、东部地区、东北部地区、中部地区、西南部地区、西北部地区以及两个直辖市。所选择的高校包括了部属高校、省属高校、市属高校以及高职高专与民办高校。高校类型包括了综合大学、师范类大学、理工类大学、医学院。所调查大学生单位样本的具体专业囊括了工学、法学、文学、医学、教

育学等学科专业，如表 3－2 所示。在收回问卷后，为提取有质量、有信服力的数据，以答题数量、答题规范等作为依据进行筛选、排查，去除了部分显著不符合规范的问卷，最后确定可以作为参考的问卷选择合适的编辑方法，佐以合适的编程语言，投放入 SPSS21.0 软件进行分析比较。

表 3－2　学生基本信息

	样本基本信息	人数	百分比
性别	男	1056	57.08%
	女	794	42.92%
年级	大学一年级	960	51.89%
	大学二年级	481	26.00%
	大学三年级	273	14.76%
	大学四年级	136	7.35%
政治面貌	中共党员（含预备党员）	342	18.49%
	共青团员	1465	79.19%
	群众	43	2.32%
专业	工科	473	25.57%
	文科	568	30.70%
	理科	438	23.68%
	医科	152	8.22%
	其他	219	11.84%
高校类型	部属高校	1118	60.43%
	省属高校	180	9.73%
	市属高校	185	10.00%
	高职高专	186	10.05%
	民办高校	181	9.78%

本次共发放匿名调查问卷 2000 份，最终回收有效问卷为 1896 份，问卷的回收率达到 94.80%。经过筛选检查后，最终形成有效问卷 1850 份，有效率为 92.50%。本研究以整群抽样法为调查方法，基于纵向与横向的分析比较，以对抽样高校立德树人根本任务落实情况进行分析观测。

（二）大学生对立德树人根本任务的总体认知状况调查分析

问卷中这一部分题目的设置，旨在调查大学生对“立德树人”根本任务的总体认知情况。通过分析回收问卷以及个别访谈，调查大学生对“立德树人”根本任务是否熟悉，以及了解的程度，和在学习生活中对其所形成的直观印象。

1. 大学生对立德树人根本任务内涵、提出背景的认识

通过分析回收的问卷的，调查结果显示，大学生对“立德树人”根本任务的认识程度不深，大多数人对其认识处于较为简单的状况。例如，仅知道其提出背景，理解其内涵，或是仅听说过“立德树人”的概念，但缺乏对其更进一步的了解。对“立德树人”根本任务具有较深认识，且形成系统见解的有 108 人，以文科生居多，占总调查人数的 5.84%。有一定认识的有 165 人，同样以文科居多，占总数的 8.92%。认识不深，但知道其渊源的有 465 人，占总数的 25.14%，各学科都有所分布。仅听说过该概念的有 1053 人，占总数的 56.92%。完全不了解“立德树人”根本任务的有 59 人，占总数 3.19%。具体情况如图 3-1 所示。落实“立德树人”根本任务不是高校中教职工单向度的工作任务，只有教职工和学生相互协力才能共同落实贯彻。大学生不了解高校“立德树人”根本任务，对其认识不深，显然不利于工作的开展。

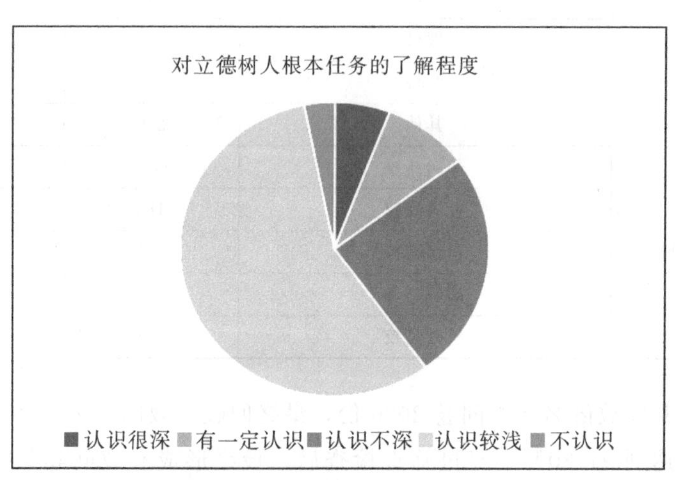

图 3-1　大学生对“立德树人”根本任务的认识情况

以浙江大学的电话访谈对象小王同学为例，小王同学是计算机科学与技术专业大学三年级的本科生。小王同学通过思想政治理论课形成了对“立德树人”根本任务的基本认识，他对“立德树人”根本任务的认识是：①党中央提出的具有重要战略意义的人才培养任务。②“立德树人”的目的是实现人更全面的发展。

2. 大学生对“立德树人”根本任务在教育中所追求的具体目标的认识

为调查大学生对“立德树人”所追求教育具体目标的认识（即实现“立德树人”在一个人身上将会有哪些具体表现），在问卷中先调查了大学生对高等教育意义的认识，对大学生预期中高等教育最本质的功能进行了统计。调查结果显示，认为成为某个领域专家的约占15.90%，以理工科学生居多。认为有能力获取更多财富的约占8.72%，以计算机或财经类专业居多。认为成为一个综合素质较高的人的所占比例最高，约为49.28%。认为身心健康发展的所占比例最小，约为5.30%。认为成为一个有使命担当有理想的人的约占比例为21%。这个结果显示，大学生对高等教育意义的认识，功利性角度的所占比例较小，主体上对高等教育的预期是促进自身更全面的发展，实现思想上的进步解放。而部分人意识到，理想信念是对生命更为核心的内容。而这个结果也表明，大学生理想信念教育有待进一步加强。

当问及实现“立德树人”在一个人身上会有哪些具体表现时，96%的同学选择了E选项（图3-2），认为“有崇高的道德水平、能充分个性发展、有先进的思想、有较高的人文素养”都是实现“立德树人”应有的体现。

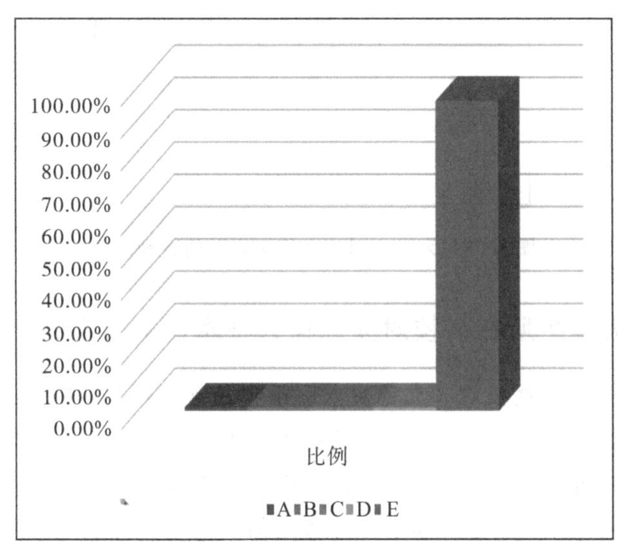

图3-2　“立德树人”的具体体现

以电话访谈华南理工大学的小高同学为例，小高同学是学习电气工程专业的大二年级本科生。他简单概括了他对“立德树人”的看法，他认为“立德树人”绝对不是体现为对“道德”的墨守成规，而是德智双全，能够辩证地看待问题，是具有思想与道德自觉性的人，更是一个内在有着有趣“灵魂”的人。

3. 大学生对“立德树人”的直观印象

调查大学生对“立德树人”概念的直观的印象，是了解大学生对“立德树人”根本任务总体认知的方法之一。调查结果显示，约20%的大学生认为“立德树人”给人以立意深远的意象，46%的大学生认为“立德树人”给人的感觉是紧张严肃、严守一定的规范21%的大学生认为“立德树人”给人以温暖关怀的感觉（图3-3）。调查结果显示，高校落实“立德树人”根本任务，首先需要加强对“立德树人”根本任务的宣传。让“立德树人”被更多学生认识，并且明确其中的原则、追求、理念等要素。

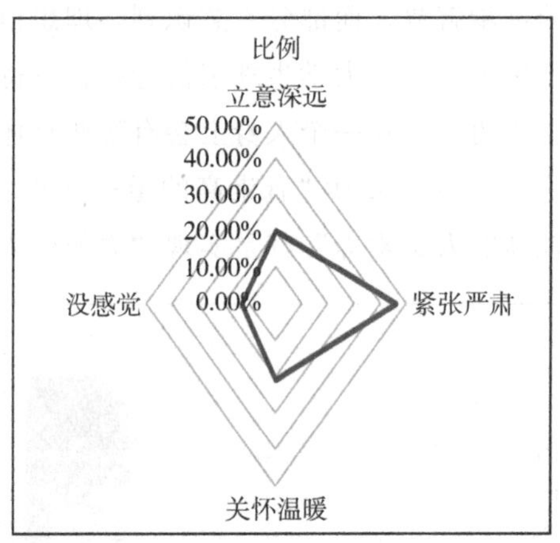

图3-3　大学生对“立德树人”的直观印象

（三）大学生所在高校对立德树人根本任务落实状况调查分析

1. 大学生所在高校对“立德树人”根本任务重视程度的调查分析

大学生所在高校是否重视“立德树人”根本任务的落实与宣传，以及是否通过教职工知行合一的具体行动以贯彻之，决定了“立德树人”的教育理念是否深入人心。当问及，您所在高校当前立德树人根本任务贯彻落实的整体情况如何时，问卷调查的结果显示，90%的大学生认为感觉变化不大，3%的同学认为变化比较大，学生的精神面貌有显著提高，约6%的同学认为有所改变，学生的道德水平与思想政治觉悟有所提高。而且调查结果显示，约86.50%的同学认为没有感受到所在高校为落实“立德树人”根本任务采取了与之相关的教学方案。只有约 2.90％的大学生认为所在高校有配套而且协调的步骤与方案，所在高校以综合性大学为主。约 6.10％的大学生认为所在高校采取了一定的措施，而且在局部方面做得非常好，以工科院校为主。还有约百分之四的大学生认为所在高校不仅没有相关措施，而且做得并不好。基于前面几问调查结果基础上，在问及所在的高校对贯彻落实立德树人根本任务是否重视的总结性提问时，认为感觉一般，变化不大的同学约占 48.30％，认为不重视，形式主义比较突出的占 39.50％。（图 3－4）并在调查结果上形成了一幅比较直观的分析图。由此可见，部分高校对于贯彻落实“立德树人”根本任务缺乏重视，并且在具体的方案上存在敷衍与形式的现状。

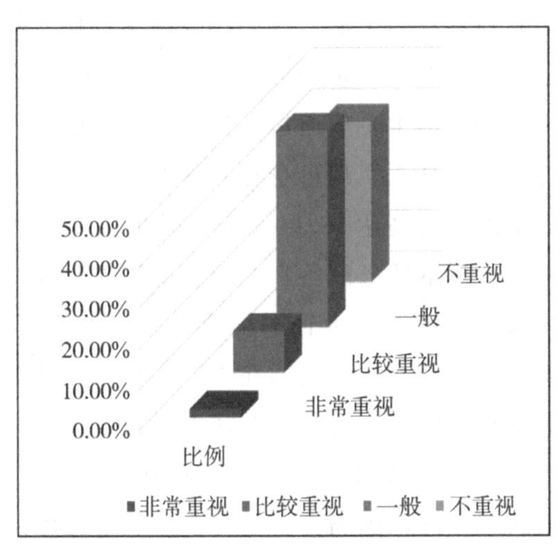

图 3－4　综合反馈的结果

以电话访谈重庆城市科技学院的大二同学小林为例，小林同学指出，他感觉他所在的高校并不重视以“立德树人”为导向培养学生，而是重视以就业为导向培养学生。他所在学校，就德育方面所开展的一些活动比较形式主义，缺乏实效。

2. 大学生自身对落实“立德树人”根本任务关注度分析

大学生的主动参与和关注是高校落实“立德树人”根本任务的重要组成部分，是高校教育宣传水平的重要体现，同时也反映了高校是否积极以“立德树人”为导向开展教育。经过问卷调查，发现约有 80％的同学对“立德树人”根本任务的贯彻落实并不关心，其中一般关注的约占 30％，不怎么关注的占 50%。经过访谈了 9 位同学得知，一般关注的往往是因为考研、从事相关考试以及协助学生社团组织相关活动的关系。而剩下 20%非常关注和比较关注的同学，因为从事相关专业，对以后的科研需要保持比较密切的关注，但其中也包含了立志于从事教学行业，以及关心中国特色社会主义未来教育道路发展的同学。从整体来看，当前大学生在“立德树人”根本任务落实过程中缺乏与所在高校的有机互动，缺乏参与活动的能动性，同时也反映出高校落实“立德树人”根本任务并没有使学生感受到自身主人翁和受益者的地位。

通过分析问卷，大学生对“立德树人”根本任务产生关注会受哪些因素影响，其中 7.60%的同学选择“是否会影响到自身的绩点”，31.10%的同学选择“是否会影响到自身的生活”，15.20%同学选择“是否会影响到自身的就业”，41.50%的同学选择“是否会影响到自身的全方位发展”。从调查结果可知，我国大部分大学生希望通过高校落实“立德树人”根本任务，实现自身更全方位的发展，真正实现自身身心的健康与幸福。

通过问卷分析得出，约高达 93.00%的大学生认为，学生不仅应该热切关注高校“立德树人”根本任务的落实，而且应该主动参与其中，并积极献计献策。从调查结果可知，大学生普遍拥有关注、配合高校落实“立德树人”根本任务的热情和积极性。但问题在于，高校如何通过有力的措施和方案，调动大学生真正有效地参与其中，并从中受益。通过访谈也可知，高校在落实“立德树人”根本任务过程中，如果存在形式主义或功利主义的做法，容易打击学生的积极性，削弱学生的参与度与关注度。

访谈 4：以采访中国矿业大学（北京）的小郑同学为例。小郑同学指出，大学生并非不关心与德育、素质教育有关的活动。一方面学生很难参与其中，大多时候教职工直接一手包办相关活动，缺乏对学生意见的征询。并且一些活动存在形式主义的现象，并没有真正以“立德树人”为导向帮助学生学习成长。因而，一些同学也被打击了关注这类活动、并成为活动主体的热情。

（四）高校落实立德树人根本任务过程中待完善问题的调查分析

大学生是高校落实“立德树人”根本任务过程中受教育的直接对象，大学生对高校在落实“立德树人”根本任务过程中所存在问题有最直接的感受。通过设置相应的问题，了解大学生的建议和观点，有助于了解高校立德树人的现状。

1. 高校落实立德树人根本任务所需把握关键要素的调查分析

经过分析调查问卷，其中约 36.00％的同学认为，高校落实“立德树人”根本任务的着力点在于“内容”，充实、丰富的教学内容是落实“立德树人”根本任务的关键。通过电话访谈这十所高校的十位同学，同学们普遍认为德育的核心在于思想的内容（内涵），德育的关键要素在于内容，“内容”是落实“立德树人”根本任务的着力点。但是，这十名同学在填写问卷过程中，普遍选择“以上都需要”选项。综合调查的结果，可以发现约 9％的人认为关键在于“形式”，约 12％的同学认为关键在于“环境”，约 43％的同学认为以上都需要重视。（图 3－5）通过调查可知，当前大学生通过在高校中学习与生活的切身体验，普遍认识到高校落实“立德树人”根本任务，从教育的环境、形式、内容上都需要改进完善，其中“内容”的完善尤为关键。落实“立德树人”根本任务的关键在于以“立德树人”为价值导向充实教育的内容。

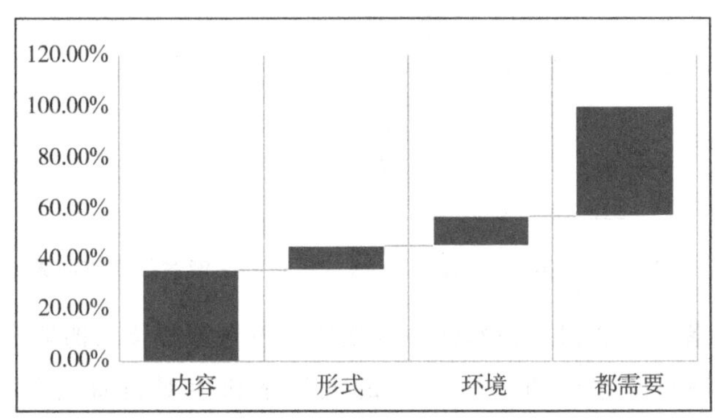

图 3－5　落实“立德树人”根本任务需把握的关键要素

2. 高校落实立德树人根本任务主要途径的调查分析

经分析调查问卷可知，约 30％的同学认为高校落实“立德树人”根本任务的关键途径在于课堂教学，约 27％的同学认为党团活动是十分重要的途径。约 23％的同学认为课外讲座也发挥着重要的作用，约 20％的同学认为体育运动对“立德树人”根本任务的落实也有所助益。（图 3－6）综合同学们的意见可知，大学生们通过大学生活的切身体验，首先充分肯定了课堂教学对于提高思想认识水平和思想道德素质的首要作用，其次也充分肯定了与之相协调的课外一系列活动对于身体塑造和心灵塑造的积极作用，充分体现了实现“立德树人”根本任务是一个全方位、全程协同育人的过程。

以电话访谈华中师范大学的小李同学为例，小李同学认为落实“立德树人”根本任务，核心还是在于打造硬核的课程，形成有干货、有质量保证的课程内容。小李同学认为，在高校教育中，价值观的塑造根本还是取决于教书育人的内容。能触动心灵的，必然是深入本质的有营养的思想内容。小李还指出，事实上，有思想深度的课程内容不仅不会引起同学们的反感，反而会激发同学们的兴趣，因为能够更深入本质地认识世界。以思想政治理论课为例，对资本主义的批判只有足够有理有据，才能使同学们与现实相联系，对现实生活中不合理现象的本质形成科学的认识。

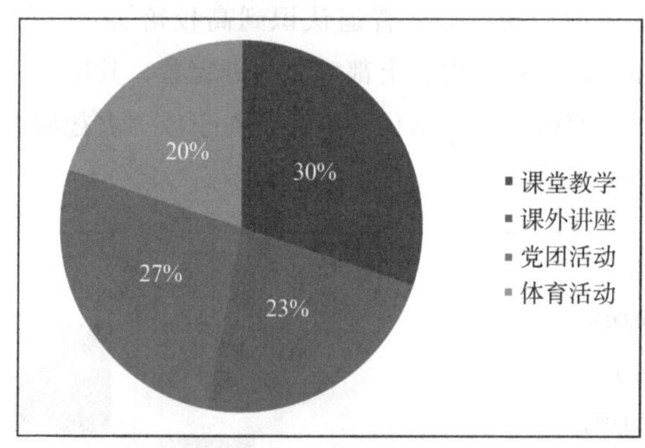

图 3－6　落实“立德树人”根本任务的关键途径调查结果

3. 高校落实立德树人根本任务构建协同育人课程体系的调查分析

经分析调查问卷可知，约 40％的大学本科生对自身培养计划中专业课与选修课的安排表示比较满意，约 45％的学生表示一般满意，有约 8％的本科生对培养计划中的课程安排非常满意。经过访谈数位同学后，结合问卷调查的结果，初步分析可知，表示一般满意或不满意的同学，存在相似的情况。（认为选修课、公选课太少，专业课涉及的知识太过陈旧，过于注重原理的解释，缺乏联系实际）。问卷调查结果显示，约 57％的大学生认为自己的培养计划以就业为培养导向，占据一半以上。约 30％的大学生认为自己的培养计划以帮助考研升学为培养导向，约有 7％的大学生认为自己的培养计划以提升绩点为培养导向，仅有 6％的同学认为自己的培养计划有助于自身的身心健康。（图 3－7）软件所导出的分析图，形成更直观鲜明的对比。由此结果也可知，高校中以就业为导向的教育趋势较为明显，离以“立德树人”为目标的教育追求尚有明显的差距，高校“立德树人”根本任务迫切需要进一步落实。经问卷调查显示，约61%的同学认为需要通过加重文化类课程的方案来促进“立德树人”根本任务的落实，约35%的同学认为需要通过加重公选课的方案以促进“立德树人”根本任务落实，约4%的同学认为可以通过加强专业课的方式来达到目的，没有同学认为不需要改进，这个结果鲜明地反映于图中。由此调查结果可以得知，大学生普遍渴望提高自身的人文素养，也普遍认为加强文化教育将有助于“立德树人”的实现。拓展学生的综合知识面，提高学生自身的历史、文化、哲学、艺术等方面的知识储备，对于高校“立德树人”根本任务落实具有显著帮助。

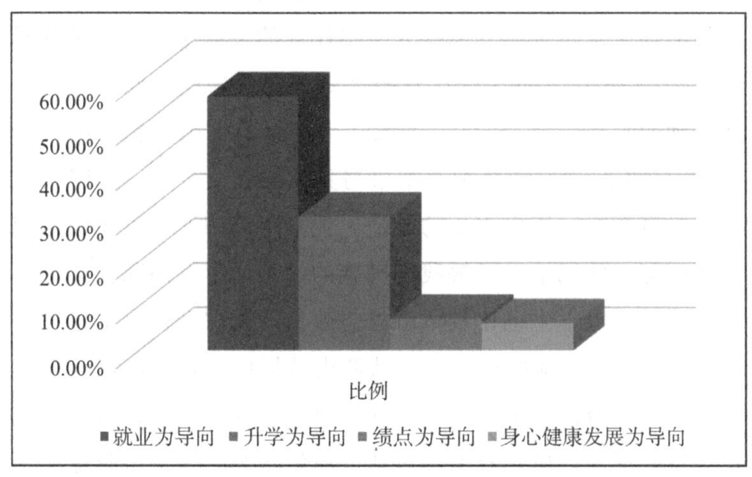

图3－7　培养计划所呈现的培养导向统计结果

以与华南理工大学的小陈同学的访谈为例。小陈所学的是计算机科学与技术专业，小陈苦恼于计算机专业的同学容易给人留下刻板的印象（不善言谈，只对理工科方面的内容感兴趣）。各门课程的老师倾向于以完成专业知识教学为首要目的，缺乏对工具学科知识“知其所以然”的进一步解释。小陈也非常希望在学好专业课的同时，对政治、经济、历史具有更综合的知识储备，能有比较全面的认识世界的能力。小陈认为现在是大学三年级，他认为所在学院以就业、考研为终极目的的风气比较浓厚。他也希望有更多渠道去开阔自身眼界与知识面，希望学校能给予本科生更多自主选择课程的机会和资源。

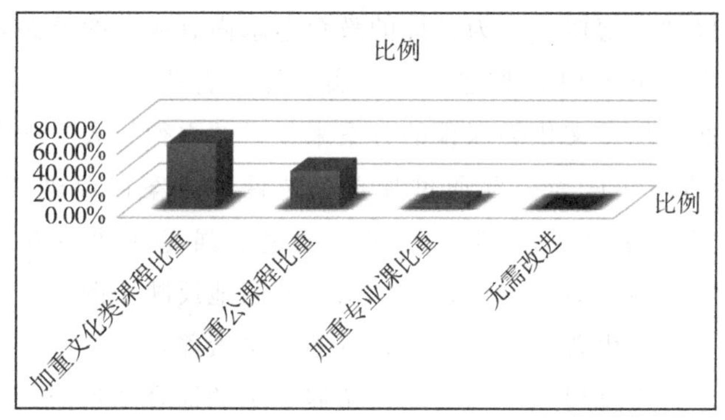

图 3-8　课程应作调整的统计结果

4. 高校思想政治理论课所存在问题的调查分析

思想政治理论课是落实立德树人根本任务的关键途径，通过分析调查问卷可以发现，约 86.00%的大学生选择“对思想政治理论课非常感兴趣，但要看授课老师的水平”，约 5.00%的大学生选择非常感兴趣，也无所谓授课老师的水平。（图 3-9）结合调查结果与具体的访谈可知，我国大学生有着强烈的了解时事政治、历史文化的热情。大学生渴望通过思想政治理论课系统地了解我们国家的国情，了解我们民族的过去，了解国际社会上正在发生的事情。但同时，大学生也比较抵触思想政治理论课老师照本宣科，将书本或 ppt 的内容原封不动地搬读出来。从调查结果可以看出，我国大学生迫切需要高水平的思想政治理论课。但与此同时，思政课也存在着因人而异的质量上的良莠不齐现象，思想政治理论课的质量是影响学生参与课程并接受观点的重要因素。

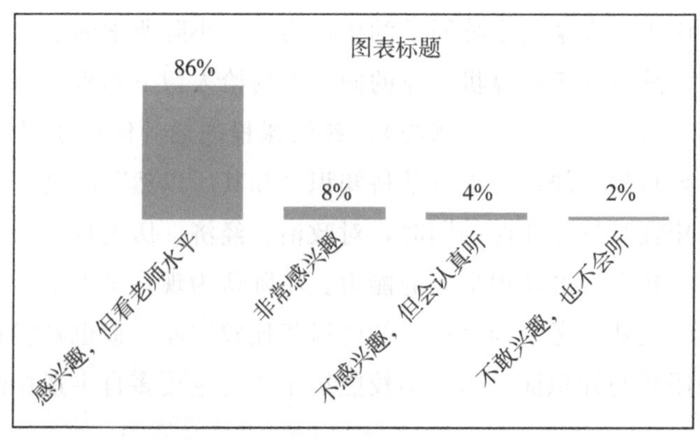

图 3-9　大学生对思政课兴趣度的统计

以与广西大学小吕同学的访谈为例，小吕同学是艺术类专业的大二同学。小吕同学认为，与高中的课程相比，大学对思想政治理论课的重视程度显著高于高中。大学的思想政治理论课更系统，内容也更全面，大学老师的知识面也更广阔，所授课的内容也更容易吸引学生。大学所开设的思政课，除了“马原”“毛概”“近代史”“思修”四门主要课程，还有每学期必修的形势与政策课程，甚至公选课中有些课程，也发挥着思想政治教育的功能，和这几门主要的思政课相辅相成。小吕同学还指出，在目前所上过的思政课中，教师的风格、水平存在有差异的情况。如果教师能够实事求是、具体问题具体分析地向同学们展开解释一些现实问题，同学们就会表现出对思政课比较浓烈的兴趣。相反，也遇见过教师自说自话，将一些课本上的概念照本宣科地讲出来，给同学们的感觉不仅不接地气，而且不易于听懂和理解。

问卷调查显示，当问及大学生，所上过的思想政治理论课是否都发挥出应有的铸魂作用，只有 5%的大学生表示都有，约 51%的表示部分有，约 40%表示很少有。这个结果表明，目前高校思想政治理论课存在质量良莠不齐的现象较为突出。高校所具有的教学条件、文化环境、师资力量都决定了思想政治理论课的质量。当问及高校思想政治理需要进一步改善的主要问题时，约 41%的大学生选择了叙事语言的优化，约 44%的大学生选择了内容质量的提升，约 8%的大学生选择了形式的拓展，约 7%的大学生选择了教学工具的升级。软件析出的结果可见显著的趋势图（图 3－10）调查结果表明，大学生普遍更重视思想政治理论课的内在，思想政治理论课内在的授课内容、叙事表达是决定思想政治理论课质量的关键要素，也是思政课教师功力的重要体现。这些结果都反映了，思想政治理论课不仅是落实“立德树人”根本任务的重要渠道，而且同时也是引导学生参与到根本任务的落实中的介质。

问卷中另一问题的调查也佐证了这个结果，当问及学生认为影响思想政治理论课教学质量的核心因素时，31%的大学生认为是老师的水平，25%认为是课程内容的质量，20%认为是教学的方式，15%认为是环境的因素，9%认为是工具的因素。可视化分析后如图（图 3－11）。虽然在设置这个问题时，提供了更多可选的变量，以便于直观分析问题。但是选项中教师水平、课程内容、教学方式可以统一视为“人”的因素，涉及课堂内容的转化、表达，本质上还是课堂内容的反映。调查结果表明，打铁还需自身硬，思想政治理论课的内容决定了思想政治理论课是否有说服力和思想吸引力。

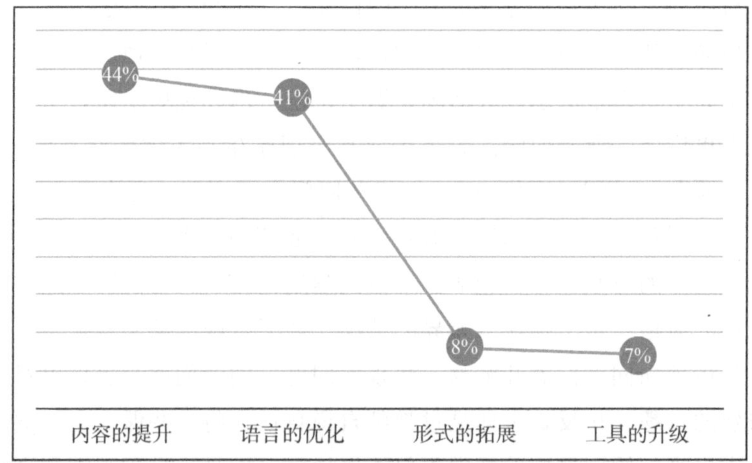

图 3－10 思政课需完善问题的调查结果

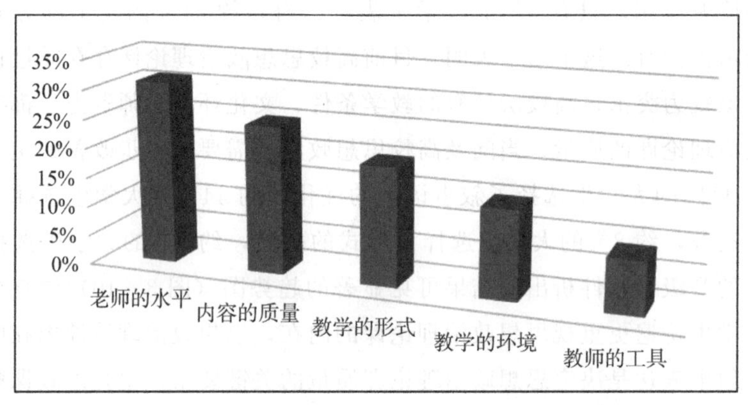

图 3－11 影响思政课质量的核心要素的调查结果

问卷调查结果显示，在提问如何进一步优化思想政治理论课的课堂内容时，约 38％的大学生认为形成有中国文化特色的教学内容、充分体现思政课的文化自信是关键。约 30％的大学生认为应提升思想政治理论课的学理性，充分体现“以理服人”的特点。约 20％的大学生认为应增强内容的趣味性和娱乐性，总体结果如图所示（图 3－12）。

以和首都医科大学的小张同学的电话访谈为例，小张同学虽然是药学专业大三的同学，但是表现出对思想政治理论课浓厚的兴趣。小张同学指出，通过上思想政治理论课，正好弥补了自身专业课没有涉及的知识面。他周围的同学们通过思想政治理论课，很好地满足了学习政治、了解社会、认识历史的求知需要。小张同学还指出，虽然自己和周围很多同学不是文科类专业，但他们还是希望思想政治理论课能够更具有思想深度和思想穿透力，这样才能帮助他们以科学的理论加深对社会现象的认识。小张同学认为，思想政治理论课是提升自己明辨是非能力的重要途径，必须保障应有的思想穿透力。但与此同时，小张同学也指出，不希望思政课老师在讲课过程中，过多地以专业术语来阐释一些内容，这会为其他专业的同学带来理解的困难，而且会产生距离感。小张同学指出，他和同学们都希望思政课老师能够以中国化的语言、中国化的叙事，来讲好属于我们自己的思政课，而不是陷入西式的语言或教科书式的语言中。除了和小张同学的访谈以外，另外几位访谈的同学，都指出思政课具有中国的文化特色非常重要。这不仅会增强思政课的思想吸引力，而且有助于同学们基于自身已有的生活阅历和思维方式去理解问题。

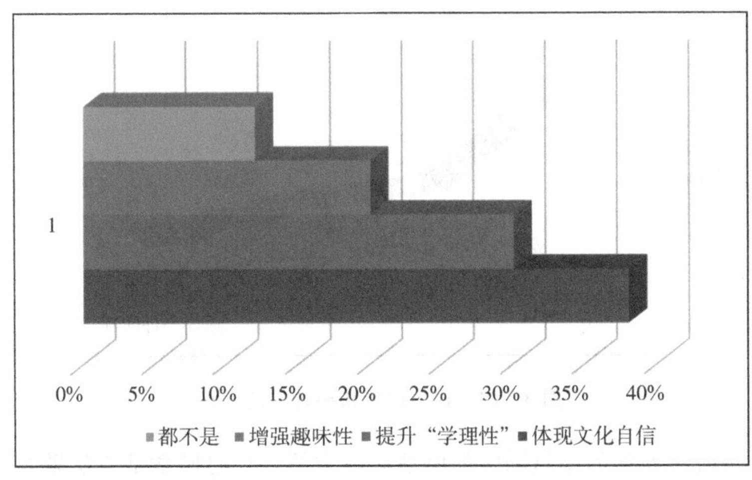

图 3－12　优化思政课课堂内容的调查统计

问卷调查结果显示，在提问思想政治理论课应凸显什么样的核心功能时，约 54%的大学生认为是以传道解惑、塑造世界观与价值观为核心功能。约 19%的大学生认为提高政治素养是核心功能，约 17%的大学生认为提高道德素质是核心功能，还有约 10%的大学生认为疏导心理问题是核心功能。各项功能所占比重经软件分析呈现如图所示趋势（图 3－13）。在此问题基础上，调查问卷进一步提问大学生，是否认为当前思想政治理论课存在理想与现实的差距（与自身的预期存在差距）。其中，约 68%的大学生认为局部存在理想与现实的差距，但整体影响不大。约 20%的大学生认为存在整体性差距且差距很大，约12%的大学生认为不存在差距。结合这两个问题的问卷调查，以及抽样访谈，不难认识到，思想政治理论课是高校实现“立德树人”根本任务的重要途径，同时大学生也普遍对思想政治理论课怀有很高的期望值，希望通过思想政治理论课实现自我更全面的提升。与此同时，大学生还普遍认为思想政治理论课对于国家整体提高思想凝聚力、统一意志具有重要的作用。总之，大学生普遍对思想政治理论课的功能、作用持强烈肯定态度，大学生对思想政治理论课的定位给予很高的评价。与此同时，大学生也表达了自己的合理诉求，认为思想政治理论课在课堂教学过程中，目前存在理想与现实的差距，而且这种现象仍然较为普遍存在。从这些调查中也可以得出，贯彻落实好“立德树人”的教育根本任务，必然需要加强思想政治课的建设力度，包括优化课程的内容、拓展教学的形式、改进教学的方法、明确教学的原则、创造有利的教学条件等。

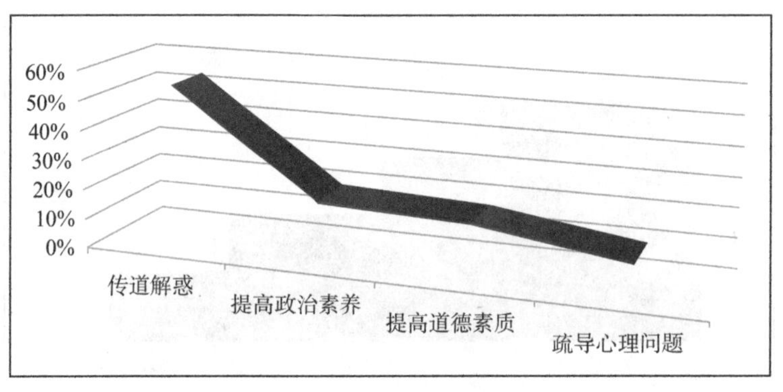

图3－13　对思政课核心功能的认识

以和浙江大学的小赵同学的电话访谈为例，小赵同学是哲学系大四年级的同学。小赵同学认为，思想政治理论课是高校落实“立德树人”根本任务过程中最核心的课程。思想政治理论课具有在思想上“授之以渔”的功能定位，提高政治素养、提高道德素质、疏导心理问题虽然也是思想政治理论课的应有功能，但这些功能在一定程度上都有“治标不治本”的弊端。小赵认为，正如习近平总书记说的，“传道解惑”是第一位的，传道解惑就是最根本世界观和价值观的塑造，而这也是实现“立德树人”最需要的。与此同时，小赵同学指出，同学们都认为整体上思想政治理论课的质量在逐年提升，但是确实仍存在一些局部问题需要继续完善。整体上思想政治理论课以“立德树人”为导向在不断提升与改进，但所存在的一些局部问题，仍然影响制约着思想政治理论课尽善尽美地发挥其应有的作用，使理想与现实的差距仍然存在。

（五）基本结论

综上，通过对当前高校“立德树人”根本任务落实状况的调研，大致可得出以下结论：一、大学生对“立德树人”根本任务普遍表现出积极配合、热情参与的态度。与此同时，也存在大学生对“立德树人”根本任务缺乏深入认知的问题。大学生缺乏对“立德树人”理论内涵、目标追求、价值意义的系统认识，大多停留在感性认识阶段，这无疑不利于高校与学生在落实“立德树人”根本任务过程中的合力形成。二、部分高校在落实“立德树人”根本任务的过程中，同样存在方法不当、形式不宜、力度不够等问题。高校落实“立德树人”根本任务需要做更充分的调研，与学生保持积极的沟通，避免所采取的一些方案措施缺乏实效性，没有抓住问题的本质。三、思想政治理论课是高校落实“立德树人”根本任务最直接的途径，也是大学生最直观感受到以“立德树人”为导向的课程。把握思想政治理论课的质量与数量，是高校落实“立德树人”根本任务的关键。但同样，思想政治理论课的质量也存在良莠不齐的状况，授课教师的理论水平、高校自身可提供的资源，都对思想政治理论课的质量产生了影响。思想政治理论课有待进一步发挥“传道解惑”的核心功能。四、坚定文化自信，充分发挥文化的化人功效，对于高校落实“立德树人”根本任务是必然的需要。

二、高校立德树人存在的主要问题分析

“少年强则国强”，青少年是承载着国家与民族未来希望的树苗，抓好青少年的思想政治理论课教育，使青少年能够以“立德树人”为导向成人成才，是中国特色社会主义教育事业一直关注的问题，也是为中华民族谋复兴、为中国特色社会主义事业谋未来的重要基础。高校是青少年由校园生活过渡到社会的中转站，是学生时代的最后一段旅程，也是青少年世界观、人生观、价值观逐渐走向成熟，并渐进定型的加工厂。高校培育了青年看世界、看问题的思维方式，奠定了青年基本的价值立场和情感倾向，中国特色社会主义的高校在帮助青年立德树人的成长成才过程中，扮演着重要的角色、也发挥着不可替代的引导作用。在新时代要充分发挥中国特色社会主义

高校以“立德树人”为导向的教育作用，则必然要深入到对当前高校不良学风思潮、教学管理所存在问题的分析中，从解决矛盾的过程中切实提升高校德育的效果和影响力。

（一）工具理性思维对大学人文精神的侵蚀

在《美学大辞典》中，“工具理性”被释义为：片面强调科技的工具作用，忽视人文的深刻内涵，将科学技术的作用刻意片面地放大。从广义而言，工具理性不仅指过度夸大科技与工具的作用，同时也指将人视为“工具人”、无视人自由全面发展需要的一种极端思维。本研究所作的问卷调查和访谈中也可以看出，有约 57%的同学认为自身所接受的是以就业为导向的教育，有约 30%的同学认为自身所接受的是以升学为导向的教育。高校在重视提高就业率与升学率的同时，容易忽视“育人为本”的教育根本目的，将本该作为育人手段的“就业”与“升学”本末倒置地作为考核的最高标准。从短期来看，高校在培养学生就业与升学上取得丰硕的成果。但长此以往，不利于学生身心的健康发展以及综合素质的全面提高。

高校中工具理性思维盛行，有其存在的现实基础。工具理性思维是物化思维的一种表现，是全球化时代背景下资本逻辑的衍生物。高校中盛行的工具理性思维体现为两种主要的极端思想特征。其一：片面地将经济利益最大化作为学术研究的重要标准。这种不良的学风和思想在自然科学学科和社会科学学科都屡见不鲜，在市场经济不断繁荣发展，科学知识创造巨大经济效益的时代背景下，经济效益成为衡量学科重要与否的重要标准。在这种急功近利的思潮影响下，学生在择取专业时，将是否有利于就业，是否有利于提高经济收入，作为选择专业的重要标准，从而忽视了个人的个性发展、兴趣爱好及个人所长所专在选择人生道路过程中的作用。这样的后果就是，不仅造成了专业招生比例的严重失衡，也严重制约了个人对自身天赋秉性的真正认识，严重影响了人的个性发展乃至全面自由的发展，也严重干扰了中国特色社会主义各专业领域优秀人才的培养。其二：片面地将科学技术和工具作为改造世界的唯一决定性力量，忽视和弱化了人在其中的主观能动性作用。自工业革命以来，科学技术日新月异地改变了人类的生活方式和生产效率。在这种直观印象的影响下，科学技术被误认为主导人类社会的唯一力量。在这种机械直观思维的影响下，高校中部分自然科学学科的同学，忽视了对政治、经济、历史、人文、地理的了解和学习。虽然科学技术为人类社会带来了巨大的物质生产力，但不可否认的是，在纯粹经济利益驱导的科技力量影响下，也为人类文明带来了生态、战争等多方面的威胁，乃至科技越发达的同时，人类也越发掌控着毁灭人类文明的力量。科学技术的发展，其根本的价值旨归不应脱离“以人为本”的标准。而且没有对人类文明全方位的认识，缺乏真正的实践思维和问题意识，也难以在自然科学的研究上产生质的突破，必然会在狭隘的工具理性思维误导下，成为一个“工具人”。

何为人文精神？蔡元培先生在北京大学的就职演讲中指出：“大学者，研究高深学问者也。”人文精神是大学精神的重要体现，是追求大学问、高深学问必不可缺的精神感动和思想力量。中国古代虽然没有现代意义的“综合大学”概念存在，但在经典著作《大学》中，将大学之道总结为“明明德”、“亲民”、“止于至善”的精神追求，与今日中国特色社会主义高校所追求的人文精神具有内在的一致性。在《美学大辞典》中，“人文精神”被总结为肯定人的生存价值、生命尊严以及内在潜力的精神力量。“人文精神”蕴含着对人与自然、人与社会、人与人和乐善美关系的哲学沉思，以及对人更理想生命状态的精神追求。而当前高校中存在的工具理性思维，无疑是对大学之道的人文精神的僭越和侵蚀，是对科学理性思维的曲解和异化。工具理性思维阻碍了人德智体美劳的自由全面发展，是实现立德树人任务过程中不可忽视的思想领域拦路虎。新时代的德育工作者不仅需要重视和警惕工具理性思维带来的不良影响，更要在对工具理性思维的思想批判过程中实现对真善美的弘扬，以促进立德树人根本任务的落实。

（二）思想政治教育“说服人、掌握人”的实效性不足

从问卷调查与电话访谈的结果中可知，当前各高校在思想政治教育工作上存在质量良莠不齐的状况，部分高校思想政治教育工作重于形式而疏于实效，其实效性迫切需要进一步提升。高校思想政治教育工作的开展，是“立德树人”根本任务落实的重要保障。高校思想政治教育工作一般以思想政治理论课、讲座、会谈、参观展览、观看电影等形式进行，思想政治教育活动的设置虽说比较丰富，但思想政治教育活动所取得的效果，却并非都达到令人满意的预期效果。在不同的高校，在不同老师的组织管理下，由于所能提供的支撑条件不同，教师个人的理论素养和知识水平也有所不同，思想政治教育活动所体现的育人效果表现出较明显的差异性。在当前高校的思想政治教育工作中，存在的常见问题有，部分教师在开展思想政治教育的过程中，

其教学内容空洞，缺乏文化内涵和理论内涵的支撑。在其管理和组织下的其他思想政治教育活动，也由于内容的空洞和内涵的缺乏，致使呈现出形式僵化、过程敷衍的差强人意的表现，严重打击了学生参与活动的积极性，也干扰了学生从思想政治教育活动中学习知识、汲取正能量，树立正确道德观、价值观、世界观的立德树人的成长过程。

在当前高校的思想政治教育工作开展过程中，一种错误的偏见较为流行。即思想政治教育不能讲“抽象的大道理”，思想政治教育工作开展要从微观的小事进行叙事，要从简单易懂、“就事论事”的角度进行说服教育，也因此衍生出思想政治教育说理内容空洞乏力、缺乏思想深度的问题，不能真正让受教育对象被说服。基于这种认识的流行，思想政治教育形式的开展也趋向于以片面取悦学生的形式开展，导致思想政治教育的“娱乐化”、片面追求多媒体化，为了追求“接地气”、能被学生接受的效果，而间接影响了思想政治教育所追求的根本目的——塑造人格、树立价值观，乃至忽略了思想政治教育应有的思想深度、文化内涵和理论彻底性。马克思指出：“理论只要彻底，就能说服人。所谓彻底，就是抓住事物的根本。”[①] 思想政治教育的生命力在于其内容的科学性、人本性、实践性，思想政治教育工作本质上是说服人的工作，是从思想上使人认同、从情感上使人共鸣的实践工作。如果思想政治教育的说理内容缺乏科学的理论内涵支撑，则不能打破工作对象的思想成见，不能帮助其摆脱有限的经验束缚，也不能使其提高认识水平。只有使受教育对象进入到广阔的理论视野和文化视野中，才能重塑其人生观和世界观，使其对自我和他人、世界、自然合理关系的认识，逐渐升华为自觉的认识。也只有以广阔的文化视野和理论视野为支撑，教师在开展思想政治教育工作的多种形式中，才能借助形式的媒介以达到传播思想内涵的目的，才能使思想政治教育工作的开展形神兼备，使思想政治教育工作达到使学生心服口服的理想效果。也只有建立在这样的基础上，才能使高校的思想政治教育工作切实发挥促进立德树人根本任务实现的效果。究其根本，思想政治教育工作的核心还是在于内涵的有无。

（三）缺乏中国化的叙事自觉

问卷调查的结果显示，约41%的大学生认为思想政治理论课存在的首

---

① 马克思，恩格斯．马克思恩格斯选集：第1卷［M］．中共中央马克思恩格斯列宁斯大林著作编译局，译．北京：人民出版社，2012：9.

要问题是叙事语言的进一步优化；86％的大学生表示对思想政治理论课有浓厚的兴趣，但前提是思政课教师要有较好的理论功底和教学水平。这些调查结果都显示了思想政治理论课中叙事能力的重要性。在访谈中，部分同学甚至进一步指出，部分思想政治理论课存在语言晦涩难懂、照本宣科的问题。这些现象的存在，都预示着思想政治理论课迫切需要形成中国化的叙事风格、中国化的叙事逻辑。

有学者指出："我国德育教材语言多是概念、原理理论体系，而教学语言是教材语言得以具体化、形象化的凭借。"[①] 中国特色社会主义高校的思想政治理论课在学生的学习成长过程中发挥着重要的德育作用，也是核心的德育课程。在德育理论课的教学过程中，教师教学围绕《马克思主义基本原理概论》《毛泽东思想和中国特色社会主义理论体系概论》《中国近现代史纲要》《思想道德修养与法律基础》四本教材的内容为核心，不断启蒙与引导着学生对世界的科学认识，通过科学世界观的培育浇筑，使学生在生活实践中不断提高自身的道德认知水平，形成自觉的道德意识。中国特色社会主义高校所开设的思想政治理论课及所启用的教材，无疑是能够真正铸魂育人和帮助学生立德树人成长的优秀教育资源。但在教师具体的教学实践过程中，仍然有德育叙事话语机械化、教条化的现象存在，未能真正以贴近生活的语境表达出教材中的核心思想内容，学生也因而对德育理论、道德知识仅限于教科书中语言范式的"拘谨"理解，教条而不能辩证地去理解和认识生活中的道德现象。而这种不利因素的存在，严重阻碍了学生通过德育的理论学习，将知识真正贯彻到实践中，将科学理性的学术逻辑融汇于感性的现实，真正提取出能提升道德认知水平的实践逻辑。

教学过程中德育叙事话语的机械化、教条化问题，可以从两种具有代表性的现象中感受到。其一，对教科书内容平铺直叙的照抄阅读，缺乏对要叙述事件的历史渊源、时代背景、内在逻辑的深度解析，缺乏对要介绍人物的丰富的心理活动和相应背景资料的具体描述。思想政治理论课说理的德育过程，并非纯粹的理论灌输过程。包含了对历史人物的介绍，对具体事件的介绍，寄寓道德教育于具体的人和事的阐释中。从而引起学生产生同理心，唤起学生对伟大人格的致敬、向往，并确立自身的行动榜样。如果仅限于对教

---

① 张翠萍，董瑞军．基于生命哲学的高校德育话语体系建构［J］．学术探索，2015（6）：143－146.

科书的平铺直叙，不仅从叙事上无法唤起学生的兴趣（学生可以不通过课堂自行从教科书中了解），而且教科书中的内容有限，从有限的叙述中，并不能构建起学生对人物和事件的丰富认识，反而可能会引发牵强的理解或简化的误解。从另一角度而言，德育的教材中存在着大量的哲学术语和学术语言，如果没有教师深入浅出的阐释，学生必然不能真正理解教学内容中的精华，思想认识水平也难以产生质的飞跃。

其二，德育的叙事语言缺乏“中国化”的叙事自觉，存在德育的叙事话语过度西化的现象。中国特色社会主义德育的叙事话语不能成为西式话语霸权的附庸品，德育的叙事话语不能在西方话语的架构中难以抽身。部分教师在德育理论课的授课过程中，没有较为妥善地处理好西式语境向中国化语境、抽象语言向生活语言转换的问题。德育并非仅面向于哲学社会科学专业的学生，所面向的是中国特色社会主义高校中不同专业背景、不同专业知识、不同基础功底的同学。这决定了德育必然要深入到中国特色社会主义的社会实践、中国的历史文化中，以切合现实的实践逻辑，去真正讲清楚道德领域的各种问题，以及从中衍生出的解析问题及解决问题的理论，从而从东西方横向的比较中，进一步提取问题的共性并分析具体问题的特殊性。德育工作者应以讲好中国故事、做好中国学问的思路看待德育的话语构建问题，把东西方学问的精华真正以适宜的话语体系传达给青年一代，从而使他们能更好的开阔自身视野、提升个人的格局和胸怀。

(四) 对“知行合一”的重视程度不够

调查问卷中显示，仅有不到5%的大学生认为高校为贯彻落实“立德树人”根本任务配置了系统的方案计划，不到10%的大学生认为高校在落实“立德树人”根本任务过程中在局部领域做出了出色的成绩。绝大多数同学认为高校落实“立德树人”根本任务的方案不具体、不明确，具体落实也缺乏应有的力度。根据问卷的调查结果并结合访谈，可以发现高校落实“立德树人”根本任务过程中存在重“理论”而疏“实干”的现象，缺乏知行合一的教育意识和教育方案。

经过学校的教育和培养，学生个人的成长是否能够满足立德树人的标准，并非通过量化的考试可以检测。“实践是检验真理的唯一标准”，一个人是否具备“立德树人”应有的特质，需要从其个人的生活践行中考察。德育的最终目的并非培养仅具有对道德知性的人，而是要培养能够身体力行地践行道德准则、知行合一的德行兼备的有用之才。

在当前高校的德育中，道德知识的教授偏重培养学生对道德的认知，忽视了培养学生从行为上去践行道德，而这显然不符合中国特色社会主义“立德树人”根本任务的本质要求，与立德树人所追求的本真精神相违。重知轻行的道德教育，必然会导致知行脱节的恶果。在日常生活中，青少年在道德上知与行脱节的不良现象仍时常会发生。例如，学生既受到诚实守信、自觉维护合理合法秩序的思想道德教育，也明白其中道理，但依然存在考试作弊和作业抄袭的现象。虽然学校的德育不能彻底消灭知行不一的不良现象，但学校知行合一的道德教育，必然可以提高学生对道德的敬重感，激发自觉的道德意识，培养高尚的道德情操，并因此使学生产生身体力行地践行道德、传播道德的自觉行为。从而在知与行的不断转化中，养成优秀的思想品德，并使自己的主体人格意识在这个过程中不断得到磨砺和成长，进而养成自身富有魅力、具有感召力的人格品质。

当前高校的德育偏重知性的道德教育，主要体现于重在培养学生“理论”上对德性的逻辑思维能力，尝试通过德育的学科设置，以学术逻辑、知识逻辑、对象性的理性逻辑培养学生对道德的认知。这样固然可以提高学生对“道德”的认识能力，但是在忽视生活逻辑、实践逻辑的德育培养中，德育逐渐陷入重理论而轻实践的现实困境，而这也使德育学科呈现出虚化、失真化、抽象化的负面特征。德育的根本目的在于提高人的思想道德水平，促使人在现实生活中践行良好的道德标准。德育学科发展如果向纯知识型转向，显然与德育学科设置的目的以及其精神上的本质追求背道而驰。习近平总书记多次提及立德树人的教育根本任务，从中也更加彰显了高校培养知行合一的有德之才的重要性和迫切性。道德教育要从当前“德育”服务于“智育”的潜在现象，真正转变为服务于培养“德智体美劳”全面发展的实践型、知行合一型人才，从而真正实现对青年的“立德”与“树人”。

（五）距“传道解惑”的教育目标存在理想与现实的差距

问卷调查结果显示，54％的大学生认为大学高等教育最重要的意义在于完成对人的“传道解惑”，从根本上实现世界观与价值观的奠基，使人不再产生价值观的“迷失感”。同样，约88％的大学生认为当前高校的教育与大学理想功能存在显著差距，甚至约20％的大学生认为差距很大。结合问卷与访谈的内容，不难认识到当前的高校教育总体上与以“立德树人”为导向的教育存在差距，迫切需要教育工作者们重视起来，并反思存在的问题。

自新中国成立以来，中华民族始终以复兴崛起为前行的目标，以实现共产主义为矢志不渝的最高理想。源于中国特色社会主义道路所肩负的伟大使命和崇高任务，中国特色社会主义的高等教育也承载着不一样的重要意义和特殊使命。中国特色社会主义大学是以铸就理想信念为核心的教书育人单位，肩负着引导新一代青年继承革命火种、延续前人未竟事业的重要使命。正是缘于内在所具有的使命和任务，中国特色社会主义的大学之道彰显着独特的精神与价值魅力，孕育着厚德载物而又自强不息的大学精神。因此，中国特色社会主义的大学之道，其最核心的使命和功能在于理想信念和伟大精神的接力传递，在于真正为社会主义每一代的接班人阐释清楚支撑起国家和民族生生不息的力量来源。通过帮助青年一代了解中华民族所历经的曲折道路，中国特色社会主义当下正在努力践行的任务，以及中华民族未来所要实现的伟大目标，让青年一代形成高度的自觉意识，树立信仰与信念。中国特色社会主义需要具有各方面专业知识的人才共同服务于中国特色社会主义的建设发展，需要从事不同领域的精英各司其职形成合力，为中华民族伟大复兴添砖加瓦。尽管大学所培育的人才专业职能不同，每个人所专攻和奋斗的方向不同，但都应秉承着共同的初心和信念，心怀着共同的理想和使命，基于对国家和历史的科学认识基础上，拥有同一个中国梦。而使每个学生怀有对共产主义远大理想的坚定信念，对中华民族伟大复兴的强烈自信和自豪，正是中国特色社会主义大学教育的核心所在，是“传道授业解惑”的根本目的，中国特色社会主义大学的教育事业围绕着这个核心而衍生出对各种更细节教育问题的完善和进步。

在现代化社会中，高度的社会分工使对专业人才的需求更多元化，科学技术的高度发展也使对人才的专业技能要求呈更精细化趋势。正是基于社会发展过程中，物质文明建设、经济发展的实践需要，自改革开放以来，中国特色社会主义大学对人才的教育培养以服务于社会的经济发展建设为重要目标。大学通过不断开设更多的学科和专业，培养更多的专业人才以满足多元化社会发展的需要。根据《普通高等学校本科专业目录》中所载，中国大学全国共开设 506 个本科专业，中国大学共有 13 个学科，61 个大学专业类。13 个学科所涉及学科分类有：哲学、经济学、法学、教育学、文学、历史学、理学、工学、农学、医学、军事学、管理学、艺术学。在大学院系、学科、专业不断增多的同时，部分教师和学生对高校“教育”职能的定位和对

“教育”意义的界定在认识上也有所模糊。具体表现为，教师对专业知识的传授和传道解惑的主次关系的定位颠倒乃至混淆，学生对自身学习成长的目标方向有所迷惘、困惑，对个人发展和国家民族历史使命、时代任务的关系认识尚有不足。工科生和文科生在思想交流过程中存在代沟，对人生的最终价值实现和理想追求产生思想认识上的分歧。而办好中国特色社会主义教育的根本意义、核心任务所在，正是通过为学生授业，实现思想认识上的传道解惑，从根本上形成对个人价值的追求和国家民族使命前途的统一。专业知识的学习，其根本意义在于“为中华之崛起”而读书，通过掌握先进技术的第一生产力，更好地服务于中国特色社会主义现代化建设。更是通过专业知识的学习过程，进一步认识到所从事专业可以为社会创造的价值，对国家民族进步发展的巨大意义，在这个过程中奠定成熟的世界观、人生观。

习近平总书记在北京师范大学师生代表座谈会中指出：“‘传道’是第一位的。一个老师，如果只知道‘授业’‘解惑’而不‘传道’，不能说这个老师是完全称职的。”[①] 中国特色社会主义的大学之道，正是在授业解惑的过程中完成的。通过传授以辩证唯物主义和历史唯物主义的思想法宝，传承中华民族伟大的人文精神和时代精神，在树立理想信念和信仰的过程中，使学生对自身人格塑造产生具体而非抽象的认识，在立德树人的成长过程中真正诠释教育的本真精神。大学的专业知识教授，科学理论的教育，正是体现了文以载道的介质作用，通过“知性”知识的传授，在教育中实现对人的“立德”和“铸魂”，通过实现从思想到精神上的觉醒和升华，才能真正达到育人和树人的目的。

三、高校立德树人存在问题的成因分析

（一）文化霸权带来的意识形态挑战

研究当前中国特色社会主义高校落实“立德树人”根本任务的问题，就不能回避全球化时代文化霸权为高校德育工作带来的意识形态挑战与价值观冲击。政治学家安东尼奥·葛兰西最早提出了“文化霸权”的概念，他指

① 习近平．做党和人民满意的好老师——同北京师范大学师生代表座谈时的讲话［M］．北京：人民出版社，2014：5.

出，“文化霸权是一种思想文化统治形式，是一种思想文化价值观念的强加行为，是一种文化强权和文化殖民。”① 文化霸权本质上是资本主义的上层建筑体现，是资本向全球增殖的表现之一，更是资本主义国家在意识形态领域开辟的战场，是隐蔽的侵略行为，建立在全球科技和经济发展不平衡的基础上。从具体的表现形式而言，以美国为首的西方资本主义国家通过价值和文化输出的方式，从文化和制度上宣传西方文明的优越性，宣传“普世价值观”的先进性，宣扬以“西方中心论”“历史终结论”为主的观点，从文化上对其他国家进行颠覆打击，从而在理论、制度、道路上质疑一个国家的合法和合理性，进而瓦解其人民的思想凝聚力。在制造混乱和动荡的同时，也冲击了民族原有的价值观体系，造成道德的整体滑坡和思想认识的整体倒退。“美国的目的并不仅仅局限于经济上，而是要针对一国民众特别是广大青年，建立对美国的好感进而接受美国的价值观，迂回地渗透思想领域，达到彻底颠覆该国的意识形态体系、将其纳入美国为首的资本主义意识形态体系之下的目的。”② 通过消解一个民族成员对自身身份的认同感和文化自信心，在价值观上用虚伪的“普世性”攻击民族自身的价值体系，破坏民族的精神家园，从整体上摧毁民族的自尊、自信、自强的积极向上精神面貌。文化霸权使民族中的个体在精神生活中丧失其本质，摧毁了民族的凝聚力和自我修复能力。也正是因为在人类已有的历史中，从可见的事实中，见证了文化霸权对国家稳定和平局面的破坏，对民族团结和谐氛围的肢解，在教育过程中就不能小觑文化霸权在思想和认识领域产生的负面影响。从微观来说，文化霸权的异化力量只有作用于人身上才能够得逞，其对人精神和思想产生的侵蚀诱导，无疑为德育工作增加了不稳定性因素和困难。只有从对其批判和剖析中，才能瓦解文化霸权的负面影响，使学生基于对错误观念批判和扬弃的基础上，形成正确的政治立场和文化立场，树立坚定的理想和信仰，实现自身人格的成长和思想认识的升华。

1. 文化霸权对国家与民族认同感的瓦解

文化霸权不仅是资本主义国家扩张意志的一种表现，其同样也意味着资本主义国家无法通过军事硬实力达到扩张和颠覆他国政权的目的，转而采取隐蔽的文化软实力的入侵形式。文化霸权最直接的危害，体现在对国家和民

① 沈贺．美国文化霸权与“普世价值”在我国的传播［J］．思想教育研究，2017（1）：37－42．

② 傅维．“颜色革命”、“文化霸权”与和平演变战略［J］．广西社会科学，2016（8）：192－195．

族共同体中的人的思想认识的颠覆，通过颠覆其原有的国家观和政治观，从而使其对共同体的制度和存在本身质疑和否定，通过瓦解共同体中人的爱国共识和组织纪律性，进而达到使共同体分裂和肢解的邪恶目的。在文化霸权的入侵过程中，青少年是其重点的思想冲击对象。其一，青少年是每个国家和民族的未来希望，一个国家的青年如果缺乏建设和保卫国家的爱国之情，缺乏对国家的使命感和责任感，则意味着这个国家不能培养合格的接班人，国家的未来前途必然是黯淡的，国家的和平稳定也将不可延续，繁荣富强难以实现。其二，青少年的思想认识处于并不成熟的阶段，在认识世界和认识自我的过程中，其思想观点易受外在因素冲击。文化霸权的存在，无疑不利于青年培养爱国热情和正确的政治立场。文化霸权以市场经济为其掩护，在与政治看似无关的事物中隐蔽地传播其政治立场，通过文娱、体育、环保等看似“客观”的领域，以并不“客观”的视角借题发挥，达到显示西方政治制度的优越性，以及借此污蔑与西方政治制度不同国家政权非正义性的目的。文化霸权试图以潜移默化的方式改变青少年的国家观和政治观，为用“颜色革命”瓦解对立阵营创造条件。

文化霸权是以美国为首的西方资本主义国家惯用的意识形态攻击手段，自第二次世界大战以后，西方资本主义国家就不遗余力地用文化霸权为其政治、经济、文化的扩张服务。自苏联解体以后，中国特色社会主义首当其冲地成为西方资本主义国家文化霸权主要的针对对象。从表象而言，中美之间的矛盾是国家利益之间的矛盾。但究其根本，中国特色社会主义与美国是社会主义制度与资本主义制度的根本之争，中国是当前世界上最大的社会主义国家，美国也是当今世界上最大的资本主义国家，中美之间的矛盾意味着两种政治制度、两种发展道路的根本之争。中国特色社会主义以马克思主义为治国理政的根本指导思想，中国共产党始终以人民利益为最高宗旨，以为人民谋解放、求幸福为奋斗践行的方向，这与美国执政党所代表的基本立场，所维护的阶级利益以及执政原则有着本质的不同。而这种本质不同也决定了中国与美国在自身所代表的阶级立场和所维护的阶级利益上形成的根本矛盾，在资本主义彻底退出世界历史的舞台之前，美国必然会动用一切手段打击社会主义国家，并以此来延缓自身不可避免的衰退。在以“和平演变”方式瓦解苏联后尝到甜头的美国，更是将“普世价值”神话为适用于一切国家、民族的不变真理，将美国的政治制度和价值理念神话为“人类文明的灯塔”，并以中国为其主要竞争对手，不断输出其政治理念和资本主义的制度观。美国通过媒体将资本主义制度美化为人类文明“最先进的制度”“人类文明的终结”，试图影响中国青年一代从情感立场上青睐于西方阵营的国家，在道路和制度上向往于资本主义的社会制度，从而实现对中国的“和平演变”，使中国成为附庸于西方文明体系和政治制度的国家。但是，不管美国的文化霸权手段多么疯狂激进，仍阻挡不了中国的不断崛起和中国人民的团结觉醒。究其根本，从必然性而言，美国的宣传武器掩盖不了资本主义必然走向灭亡的不以人意志为转移的事实，美国文化霸权的糖衣炮弹，更是遮掩不住美国正在不断走向衰败的历史趋势。因此，中国特色社会主义的德育工作者既不能忽视文化霸权的思想冲击力，给敌人以可乘之机，同时也要认识到当前的机遇所在，通过培养中国特色社会主义青年坚定的理论自觉和理论自信，用辩证唯物主义和历史唯物主义的思想武器分析问题，从而使关于美国的“神话”不攻自破，在国家观和政治观上实现对文化霸权的破局。

2. 文化霸权对舆论阵地的入侵

一直以来，以美国为首的西方资本主义国家凭借着自身军事、经济、科技上的先发优势，以价值观和文化输出的方式，在全球化过程中霸占着意识形态领域的话语权和解释权。美国将西方文明的价值观体系包装为对于全人类具有普适性意义的“普世价值”，并强迫世界其他文化的民族以此为“教科书”，实现对自身的现代化改造。美国不仅在政治上树立起“普世价值”的意识形态进攻旗帜，而且于文化领域，将“普世价值”所蕴含的价值体系鼓吹为人类文明道德的至高标准，是人性最高光辉的体现，认为只有符合“普世价值”标准的，才是“文明”与非“野蛮”的，才是“正义”与非“邪恶”的。美国通过对意识形态的话语权和解释权的占有，从文化上对世界其他不在“普世价值”体系内的文明展开了诋毁和污蔑，将不符合西方文明价值观标准的政治制度污蔑为独裁，将与西方社会形态不兼容的社会制度污蔑为落后，将不符合“自由主义”的个人层面价值追求污蔑为人权的沦丧。塞缪尔·亨廷顿甚至毫不隐讳地指出：“20世纪末，普世文明的概念有助于为西方对其他社会的文化统治和那些社会模仿西方的实践和体制的需要作辩护。”美国的文化霸权体现在试图通过价值观上对其他民族的同化，使世界其他文明从国家到个人层面同样以“普世价值”为践行的根本标准，从而使世界其他地区逐渐转变于附庸于西方文明的全盘西化的社会体系，达到通过文化潜移默化地殖民、控制与制裁其他民族的目的。

文化霸权从国家层面的危害体现为对国家组织动员能力和思想凝聚力的

破坏，而从社会层面的危害体现为引发社会思潮的混乱、思想道德的滑坡、虚无主义的思想观点形成，从个人层面而言，文化霸权使个人丧失积极融入生活、回报社会、认同集体的主观能动性。“普世价值”是文化霸权的标志性进攻话术，“普世价值”包括但不限于以民主、自由、法治、人权等为基础的价值观体系。在美国的话术解释下，“普世价值”对于全人类具有价值层面的先进引领意义，是世界所有地区民族的人民应当学习并且践行的“真理”。如果在这样的话术解释下，也就意味着地球上的每个个体，只有以“普世价值”为人生生活和践行的指导准则，才能真正有助于人类文明的进步，为人类的团结和繁荣作出贡献，而这种观点本身就是个谬论。世界上并不存在忽视时间、地点、历史、文化、民族差异性而存在的普适性价值体系，同样名称的价值观，在不同的国家、民族、地区具有不同的文化内涵，若只看到人类价值追求的共性而忽略其中的差异性，本身就是对价值追求的教条主义认识。以中国特色社会主义核心价值观中的“自由”“民主”两种价值观的内涵为例，其与“普世价值”中的自由、民主有着本质的差别。虽然，两者在共性上都有享有自由权利，尊重人权，民众当家作主的内涵。但“普世价值”中的“自由”意为原子式的个体的“自由”，是一种过度的“自由”，甚至在某种程度上无法顾及他人利益的“自由”观，为资本主义社会弱肉强食的垄断兼并关系存在奠定了价值观上的合理性解释。而其“民主”更是源自社会精英式的“民主”，甚至如今失控为“民粹”，给美国一系列的社会动荡埋下了伏笔。从现实表现而言，“普世价值”陷入了逻辑自相矛盾的困境。而中国特色社会主义核心价值观中的“自由”“民主”，意为人民真正当家作主，成为国家的主人翁，自由也意味着创造所有人自由全面发展的社会制度和社会环境。

2007 年 2 月 26 日，在温家宝的文章《关于社会主义初级阶段的历史任务和我国对外政策的几个问题》中指出：“科学、民主、法制、自由、人权，并非资本主义所独有，而是人类在漫长的历史进程中共同追求的价值观和共同创造的文明成果。”① 对人性真善美道德境界的追求，对更科学、利民、人本的优秀价值追求，不同民族的文化中都有其独特的价值诠释，在不同历史发展阶段也都有着相应的社会实践表现。而失去辩证思考的能力，盲从于

① 中共中央文献研究室．十六大以来重要文献选编（下）［M］．北京：中央文献出版社，2008：912.

美国的“普世价值”的不变标准，恰恰使个体陷入道德的伪善和教条困境，无法基于自身国家历史实践和文化背景基础上去追求和实践“真善美”的生活真谛。

3. 文化霸权对个性发展的消极影响

文化是民族共同体的精神枢纽，从生活中感性的物质文化，乃至精神文明领域的经典学说、历史典故等共同构成了民族共同体的历史记忆，构筑起民族共同体坚实的思想共识。中华民族共同体之所以能越发团结紧密，在保持繁荣稳定的同时逐步实现伟大复兴的宏伟目标，究其根本，是主观因素和客观因素共同作用的结果。从主观因素来说，中华民族在中国共产党的领导下，通过先进的制度充分调动起了人民的主观能动性，使民族整体拥有良好的组织性和纪律性，维系了民族共同体的团结和发展。中国特色社会主义制度是从主观上维系共同体凝聚和发展，调动人民参与到共同体事务中的重要框架。其二，从客观因素来说，在中华文化的凝聚作用下，中华民族共同体中的个体自觉保持了高度的思想凝聚力，中华民族整体在遭遇困难时保持了高度的自我修复力，这是中华民族至今屹立不倒、遭遇挫折仍能继续奋进的重要原因。而中华民族共同体中每个个体对文化的认同，以及每个个体从文化中不断汲取有益的思想元素，并促进自身不断发展的过程，形成了推动民族共同体发展的合力，为中华民族不断注入生生不息的思想活力和自强不息的精神动力。也由此可见，对文化的认同是深铸中华民族共同体意识，为民族共同体繁荣发展提供精神与智慧支撑，为民族共同体中每个人的全面发展提供智慧滋养和精神动力的根本源泉。

以美国为首西方国家所发动的文化霸权阴谋，不仅意图解构共同体中个体对国家、制度和政治的认同，更意图通过从思想上抑制个体的个性发展，从根本上打击共同体整体的发展和共同体中每个人的自由全面发展。文化霸权在当代通过影视作品、网络短视频、微博、微信等社交软件，输入不同体系的外来文化，营销没有营养价值的娱乐文化，诱导人性私欲的劣质文化。试图通过泛娱乐化的方式，取代人们对优秀、先进文化的关注，破坏人基于对优秀和先进文化的认同而形成的人生信仰以及丰富的精神生活，从源头剥夺促使人个性发展和人格成长的滋养。中华民族的繁荣强盛，从根本而言在于组成共同体中的每个人能够“德智体美劳”全面发展，共同体中每个人的正义、善良、无私是共同体强大的根本保障。文化霸权对文化认同的消解，其危害不仅体现在意识形态上对个体民族身份认同和共同体意识的解构。从人的全面发展、人格养成、个性发展的角度而言，文化霸权意图通过解构个体对自身优秀文化的辨别和对主体文化的认同，从根本上断绝了民族整体融汇外来优秀文化、创新民族文化的能动性，从根源上抑制了民族共同体中每个个人对支撑自身安身立命核心精神的认识，对民族整体自强不息和自我修复的生命活力形成了致命的冲击。

基于综上的分析，以美国为首的西方国家的文化霸权行径，具有隐蔽而涉及面广的危害性，是中华民族伟大复兴过程中必然需要重视并且战胜的一个重大挑战。文化霸权严重制约了人的自觉自立乃至自由全面发展。新时代的德育工作者，要从生活实践中对文化霸权进行具体而细致的分析论证，从而帮助学生举一反三地识别文化霸权的本质和现象，在认识上自觉实现对其辨别和警醒。

（二）物化意识引发的人与人关系异化

与马克思所在的时代相比，当今世界的市场化程度远超当时。随着交通工具的质变升级，互联网的繁荣发展，第三产业的规模扩增，人类的市场经济呈形式更多样化、过程更复杂化的变化。在人类的经济活动中，融资和借贷以更隐蔽与多元化的形式出现，经济活动所涉及领域也不断增多，随着“共享经济”模式的野蛮生长，市场经济深刻渗入到人们的日常生活中，使人在日用而不知中被物的统治更深。在全球化的世界历史进程下，物对人生活主宰的领域越发扩大，物对人的统治也呈现更加多样化、复杂化、隐蔽化的形式。资本随着全球市场化发展不断扩张和增殖，人与人之间的关系也在以资本增殖为目的的社会生产与交换体系中不断物化。马克思用“人的社会关系转化为物的社会关系，人的能力转化为物的能力”[①]，“在衣袋里装着自己的社会权力和自己同社会的联系”[②] 的表述来形容物化的社会关系，人与人的关系表现为物与物的关系，物的关系反过来成为控制人的异己力量，而社会生活中的物化意识也由此基础上产生。

虽然中国特色社会主义是公有制为主体多种所有制经济共同发展的经济结构，但在全球化的时代背景下，在当前世界总体上资本主义国家占多的情

① 马克思，恩格斯．马克思恩格斯全集：第30卷［M］．中共中央党史和文献研究院，编译．北京：人民出版社，1995：107．

② 马克思，恩格斯．马克思恩格斯全集：第30卷［M］．中共中央党史和文献研究院，编译．北京：人民出版社，1995：106－107．

况下，“物化意识”也不可避免地侵入中国特色社会主义的思想领域，形成不良的社会思潮。“物化意识”在现实中有不同的表现形式，在现代化生活中往往以隐性的方式深入到舆论环境与日常认知中。从现实中盲目崇拜财富拥有者、把金钱视作衡量人生成功与否的最高标准的现象，到部分地域歧视的案例，再到对劳动人民、农民工的歧视现象，归根结底这些不合理现象都有物化意识的思想成分作怪，表现为对在表象上或数字上能创造显性可见经济财富者的盲目崇拜，而忽视社会的繁荣是成千上万劳动人民在背后共同努力、劳动生产的最终结果，而这也正是资本力量驱动下的“物化意识”导致的结果。伴随着这些不合理现象的存在，更有甚者，在当今信息与思想多元化的社会时代中，“拜物教”“金钱至上”“利益至上”这类精致利己的思想元素竟被部分人默认为是一种中性的价值立场，当作“百家争鸣”中合理存在的声音之一。这些事实显然是新时代德育工作者需要深刻关注并警惕的现实问题，而这些现象同时也意味着德育工作在新时代要从对资本逻辑的剖析和批判中焕发新的活力。

在新时代的今天，从全球的世界历史总体进程来看，世界尚处于资本主义国家居多的时代，资本主义在“它所能容纳的全部生产力发挥出来以前，是决不会灭亡的”[①]，资本主义文化和意识形态有滋养其存在的现实土壤，“物化意识”作为资本主义意识形态的一种，也因此有其存在和传播的现实基础。由“物化意识”所引发的人与人之间的关系危机、人与人之间的道德困境的现象在生活中屡见不鲜，虽然在当前的历史条件下，不能完全消灭支撑“物化意识”现实存在的基础，但也必然不能任由其泛滥。在以社会主义核心价值观为重要行为和思想准则的中国特色社会主义社会，为实现中华民族伟大复兴的历史目标，为实现共产主义的最高理想，从思想领域对“物化意识”进行批判，提升社会整体的精神文明建设水平，净化人心，凝聚力量，是社会主义的题中应有之义。而由“物化”引发的道德困境存在，也激发了高校德育工作者战胜困难的决心和信心，只有从对“物化”的破题中，才能真正理直气壮地实现对落实“立德树人”根本任务的“立”。

（三）现代性对个体道德意识的遮蔽

吉登斯将“现代性”解释为“现代社会或工业社会的略缩语”。现代性

---

① 马克思，恩格斯．马克思恩格斯文集：第2卷［M］．中共中央马克思恩格斯列宁斯大林著作编译局，译．北京：人民出版社，2009：592.

与现代社会具有相通的意义。马克思虽然没有直接提出过“现代性”的概念，但通过马克思对资本逻辑的叙述，能从中发掘现代性的思想意蕴。马克思将资本和现代社会相联系，通过资本自发运动的历史过程，划分出了现代社会的历史界限。在资本逐利的力量驱动下，一切民族都被卷入浪潮中。“它迫使它们在自己那里推行所谓的文明，即变成资产者。一句话，它按照自己的面貌为自己创造出一个世界。”在马克思关于资本逻辑的叙述中，“资本来到世间”并开创了现代文明。资本是推动现代社会产生和维持其持续发展的根本，通过资本逻辑可以探索现代社会大部分现象的根本成因，是揭开现代社会表象“神秘面纱”的关键，现代性与资本之间具有本质的关联关系。

1. 资本逻辑与现代性的内在联系

马克思在《费尔巴哈提纲》中对关于人的本质问题指出：“人的本质不是单个人所固有的抽象物，在其现实性上，它是一切社会关系的总和。”[①] 现实中的人不是孤立存在的抽象物，就每个人从人格到思想的特殊存在而言，是其一切社会关系综合孕育的产物。在现代社会生活中，全球化进程把世界各地域紧密地联合在一起，生活在全球化时代的人，不是地域性的个人，而是世界历史性的人，从衣食住行最基本的生活需要，到认识形成和发展的过程，都无所不在地受世界历史发展进程的影响。马克思指出：“资本按其本性来说，力求超越一切空间界限。”[②] 资本无限扩张的本性打破了世界不同区域间的地域限制，马克思揭示了资本的自发运动推动了历史向世界历史发展的进程，历史向世界历史的转变，是物质的、可以通过经验证明的行动，是资本发展内在逻辑所衍生的必然结果。马克思对世界历史运动背后的本质力量——资本逻辑的揭示和阐释具有重要的社会科学意义，对于认识今天的世界具有重要的理论价值，当今全球化下国家之间的纠纷，民族之间的矛盾，文化的冲突，道德的困境，乃至生活中人与人之间关系的乱象，其根本是资本逻辑下世界历史运动发展的衍生物，资本的力量在其中发挥了重要的主导作用。作为世界历史境域下的个人，其认识必然会受环境自发的影响。从全球范围看，资本仍具有强大的影响力，既对推动人类社会发展具有

---

① 马克思，恩格斯．马克思恩格斯选集：第1卷［M］．中共中央马克思恩格斯列宁斯大林著作编译局，译．北京：人民出版社，2012：171.

② 马克思，恩格斯．马克思恩格斯全集：第30卷［M］．中共中央党史和文献研究院，编译．北京：人民出版社，1995：521.

进步的积极意义，但同时也是人类社会中“异化”力量的重要来源。人类文明要走向更高的发展阶段，则必然要在历史发展过程中不断深化对资本所具有的规律和特性的认识，从而在用资本以改造世界的历史进程中，克服其在发展过程中产生的“阵痛”。习近平总书记指出：“尽管我们所处的时代同马克思所处的时代相比发生了巨大而深刻的变化，但从世界社会主义500年的大视野来看，我们依然处在马克思主义所指明的历史时代。”① 中国特色社会主义高校立德树人是在世界历史发展的大时代境域下所开展的德育实践，要胜任时代境域下开展德育工作所面对的现实挑战，必然需要厘清人性、伦理等看似抽象的精神现象背后起决定性作用的物质因素。而这必然需要深入到马克思对资本逻辑的揭示中，从对本质的认识中发掘德育真正需要关注的现实问题，并通过把握现实问题以应对挑战和摆脱困境。

马克思指出：“资本只有一种生活本能，就是增殖自身……吮吸尽可能多的剩余的劳动……吮吸的活劳动越多，它的生命力就越旺盛。”② 一言概之，资本逻辑是对利润最大化的无限追求。马克思将资本比作“普照的光”和“特殊的以太”，指出实质上资本在现代社会中具有“支配一切的权力”，通过市场经济渗透到生活的各环节，资本的力量主导了现实生活中的社会关系，在其推动下形成了世界市场，是现代社会转向全球化发展的基础。有学者指出：“尽管占主导地位的资本样式确实随着时代的变迁而发生转移……但资本本身对于现代生活的统治却并未从根本上改变。”③ 尽管科学技术日新月异地发展，社会生活呈现更为丰富的内容和形式，但是资本本身也随着历史发展不断呈现新的形态，只要市场经济还存在于人类社会，资本就以新的形式发挥其统治的力量。虽然距离马克思生活的时代已过去一百多年，但马克思揭示的资本逻辑仍适用于今天，资本逻辑衍生的现代性问题仍以新的形式困扰着当代人。资本逻辑衍生的现代生活具有神秘性，在人类认识和思维的领域遮蔽了人对社会现实的真实认知，阻碍了人自由全面的发展。马克思指出，日常实际的生活中，在人类认识的未来发展旅程中，只有社会生活过程“处于人的有意识有计划的控制之下的时候”，现代生活的“神秘纱幕”才能被揭掉，人才能从现象到本质的认识世界，乃至真正把握人的本质。在

---

① 习近平．习近平谈治国理政：第二卷［M］．北京：外文出版社，2017：66.

② 马克思，恩格斯．马克思恩格斯全集：第42卷［M］．中共中央党史和文献研究院，编译．北京：人民出版社，2016：228.

③ 吴晓明，邹诗鹏．全球化背景下的现代性问题［M］．重庆：重庆出版社，2009：137.

全球化的历史进程中，当前时代人类文明显然还没有发展到生活的“神秘纱幕”被揭示的历史阶段，人在日常生活中仍不可避免地存在大量被现象所惑的事实。在资本支配的现代性生活中，这种现象必然普遍存在，乃至促使人形成不同的世界观、价值观和道德观。而也正是因为这种“抽象力量”的存在，精神世界的“贫瘠”、认识空间的“狭隘”被不断生产，构成了现实世界中人性扭曲、精神虚化、道德沦丧的物质力量基础和来源，遮蔽了人对个人与个人之间合理关系、个人与集体之间合理关系、人与自然之间合理关系的正确认知。在当前全球化的时代境域下，中国特色社会主义与世界其他国家民族建立了政治、经济、文化上的高度交流合作关系，世界在市场经济纽带的链接下，你中有我，我中有你。在全球化已成定势的世界格局下，资本逻辑产生的负面社会效应难免会由外至内地传导到中国，并衍生一些社会问题。这些因素必然会对学生的思想认识产生负面影响，无形中增加了学校德育实践的难度。中国特色社会主义在新时代要开展立德树人的高校教育实践，必然需要认识到这个现实挑战的存在，并认清其背后的本质因素。

2. 历史虚无主义思潮对人精神的弱化作用

毛泽东曾经指出：“无产阶级要按照自己的世界观改造世界，资产阶级也要按照自己的世界观改造世界。”[①] 上层建筑决定于其既有的经济基础，不同阶级也在此基础上形成不同的世界观和历史观，历史虚无主义的形成立足于资本逻辑的现实基础，是资本主义文化的衍生品。历史虚无主义以孤立、静止、失去内在联系的方式理解人存在的状态，忽视人在社会生活中彼此是相互作用的现实存在，将人解构为原子式个体的存在，并在此基础上谈论虚无抽象的“人性”“自由”。历史虚无主义排斥宏大的叙事方式，歪曲历史的真相，用唯心主义史观的方式解读历史，刻意淡化了人在历史过程中改造世界的重要作用，矮化了作为创造历史、推动历史发展的人民群众在其中的重要地位，遮蔽了人对历史规律和历史真实的实践过程的客观认知，在这样的叙事逻辑中，弱化了人对自身存在价值的认知，消解了具有主观能动性的人实践的革命以改变世界的意志和动力。

在当前的世界历史进程中，资本主义的社会制度虽呈现衰弱趋势，但尚未完全从人类文明中退出，其衍生的意识形态与社会主义的意识形态仍处于对立和交锋的状态中，和平演变是软实力对抗的重要战场，在当今世界，和

---

① 毛泽东．毛泽东文集：第7卷［M］．北京：人民出版社，1999：230.

平演变以瓦解对文化的自信、对历史的认同、对英雄人物的肯定方式出现。历史虚无主义是这种软性力量的集中体现，是资本主义意识形态攻向社会主义的隐性“匕首”，基于唯物主义史观的视角审视“历史虚无主义”，不难认识到一些用抽象人性论及野史谣言否定中国共产党、否定中共党史、否定中华民族英雄人物言论的险恶用心所在。智能媒体高度发达的时代境域下，历史虚无主义通过手机、网络的运输载体，通过短视频、电影、直播的舆论阵地更为隐蔽、广泛地影响着青少年的价值观形成。例如，一些影视作品泛娱乐化地演绎革命历史，演员的表演和台词设定与真实历史背景以及历史人物的真实心理活动相差甚远，这看似是在以红色题材影视作品弘扬革命精神，实则代入了导演或编剧的私人情感或观点，不仅不尊重历史事实，还给观众产生了错误的暗示和指引。这些现象的存在在为德育工作带来更大挑战的同时，也意味着德育的叙事方式需要以更深沉、科学的理论内涵为支撑，只有把握好历史唯物主义和辩证唯物主义的思想武器，从更深层次的层面解读历史、剖析事实，通过方法论的阐释以不变应万变，才能让历史虚无主义的逻辑不攻自破，让历史虚无主义的载体不辩自明。而历史虚无主义思潮的存在，也正彰显了党史学习教育的迫切性、必要性及其重要的理论价值。

从个人层面而言，历史虚无主义通过对中国共产党的历史、理论、成绩的否定和歪曲，以及对中华民族崛起的伟大历史成就的虚化和淡化，无形中对思想尚未成熟的青少年确立人生理想和志向的成长过程产生了干扰和误导，也为青少年确立世界观和人生观、道德观传递了错误的价值导向。人的“德行”与“志向”具有内在的一致性，树立对共产主义的理想信念、确立为人民服务的思想抱负，是培养高尚德行和志趣，产生积极的践行动力和高昂的精神士气的根本来源，是中国特色社会主义立德树人最根本的要求。人需要在对世界正确认知的基础上，顺应历史潮流的发展，于时代洪流的总体性实践中，实现个人价值，创造真正的幸福生活。历史虚无主义在实质上否定了人通过实践获得幸福的路径，遮蔽了人对精神发展需要、理想信念确立的真正认知。在世界历史发展的总体境域下，中华民族不断走向伟大复兴的时代背景下，德育工作的重要使命之一是要批判和打破历史虚无主义创造的思想迷雾，在思想上更深刻、普遍地促进人的解放和觉醒。高校立德树人的实践是个“立德”与“立志”的实践过程，通过教育以促进人向世界历史性的人转变，促进人自由、全面地发展自身。

第四章　高校立德树人需要以文化人的现实必然

习近平总书记在中国共产党第十九次全国代表大会上指出："文化是一个国家、一个民族的灵魂，文化兴国运兴，文化强民族强。"① 文化的兴盛是民族崛起的前提和基础，一个民族能否实现自身的振兴，不仅取决于其是否具有深厚的文化底蕴，同样取决于其是否能发展创新自身的文化，并通过大力弘扬自身的优秀文化，实现对人民的教化与引导。文化发挥着启迪心智的重要作用，是推动思想进步与解放的介质，文化铸就了中华民族自强和奋进的精神活力，是中华民族进步与发展的精神之源。"国家之魂，文以化之，文以铸之"②，文化更是凝聚中国人民共同理想的纽带，中国人民共同的中国梦根源于文化。文化蕴含着引人自省、自强、自立的精神力量和智慧，是使人思想与人格得到升华的精神食粮，同时也是产生自信自强主观能动性的根本来源。在中国特色社会主义高校的教书育人的过程中，只有充分弘扬中国特色社会主义的优秀文化，诠释文化中蕴含的伟大精神和思想内核，才能铸就大学生的信仰和灵魂，感召青少年生成伟大的人格和情怀。在全球化时代背景下，中国特色社会主义仍处于资本主义体系的包围中，资本主义体系不断制造着异化的物质力量与精神力量。大学生的三观尚未成熟，其思想容易遭受诸多外在因素的挑战与冲击。基于凝心聚力、强基固本的加强思想政治教育需要，在高校教育中需要充分运用文化的化人力量，通过文化以净化精神的世界，引领真善美的价值取向，以文化人是高校教育与时俱进发展的现实必然需要。

---

① 习近平．决胜全面建成小康社会 夺取新时代中国特色社会主义伟大胜利——在中国共产党第十九次全国代表大会上的报告［M］．北京：人民出版社，2017：41．

② 习近平．习近平谈治国理政：第三卷［M］．北京：外文出版社，2020：408．

一、实现立德树人的凝心聚力需要

(一) 培育与践行社会主义核心价值观需要以文化凝聚共识

1. 弘扬与传播社会主义核心价值观需要优良的思想文化氛围

自党的十八大提出社会主义核心价值观以来，社会主义核心价值观不仅是指引中华民族实现伟大复兴的重要价值指南，更是中国特色社会主义培育未来社会主义合格接班人，落实“立德树人”根本任务重要的实践遵循。培育自觉践行社会主义核心价值观的时代新人，必然需要在社会中营造学习与认识社会主义核心价值观良好的思想文化氛围，使社会主义核心价值观的传播与弘扬拥有更坚实的群众基础，更良好的社会精神文明土壤。因此，大力弘扬且充分阐释社会主义核心价值观所蕴含的思想内容，使社会中更广泛的群众对社会主义核心价值观的认识不限于表象的词义内容，而是能够结合自身的生活经历与工作经验，具体且深入地认识社会主义核心价值观所阐述的整个思想体系，如此才能形成自觉践行与贯彻社会主义核心价值观的思想动力。这既是中华民族实现伟大复兴思想觉醒的必然需要，也是新时代落实“立德树人”根本任务必然的思想要求。而要在教育和宣传中激发受教对像产生认识、学习社会主义核心价值观的兴趣和动力，必然需要教育者不仅从理论的层面阐释清楚社会主义核心价值观的内涵，更要从文化的层面从根本上解释清楚社会主义核心价值观的核心要义。从文化的视野出发，才能真正理清和把握社会主义核心价值观的内容实质。只有从文化上厘清社会主义核心价值观生成的根茎，洞悉其形成与发展的脉络，及其与当代中国特色社会主义文化之间的有机联系，才能从更广阔的思维视野和更高的思想高度认识社会主义核心价值观的重要意义。透过文化的视野，方能认识到社会主义核心价值观与中国人的文化理想、文化使命、文化人格之间的内在一致性，并从中找到培育与践行社会主义核心价值观的动力与意义。

2014 年的五四青年节，习近平总书记在北京大学师生座谈会讲话中指出：“我们提出的社会主义核心价值观，把涉及国家、社会、公民的价值要求融为一体，既体现了社会主义本质要求，继承了中华优秀传统文化，也吸收了世界文明有益成果，体现了时代精神。”① 社会主义核心价值观从本质

① 习近平．习近平谈治国理政：第一卷［M］．北京：外文出版社，2018：169.

上彰显了中国特色社会主义的价值追求，而这种价值追求的形成不仅是基于时代发展的实践需要，更源于其深厚的历史文化底蕴，是传统文化和近代、当代文化共同孕育的结果。中华民族自古为礼仪之邦，历代先贤智者在几千年的历史实践中不断将卓越的精神气节、高尚的道德情怀纳入民族的文化基因，铸就了博大精深的优秀传统文化。优秀传统文化对中华民族的道德文明产生了积极深远的教化影响，对民族崇德向善、见贤思齐的道德氛围形成起着重要的引导作用。革命文化像一部伟大的叙事史诗，记叙了革命先烈是如何推翻三座大山、开创人民当家作主的新中国。革命先烈以大无畏的勇气跨越二万五千里长征，坚持多年艰苦卓绝的战斗，用无可争议的胜利事实教育了中国人民怎样铸就真挚热烈的爱国情怀，怎样树立坚定的革命信仰，怎样实现中华民族救亡图强的自主自强道路，从精神上焕发了民族崛起的新生命活力，在思想上播下了先进理论的火种，从而使矢志不渝的共产主义远大理想融入中华民族的灵魂血脉，形成了以马克思主义为指导的理论自觉，将“人民当家作主”“为人民服务”的根本理念牢牢植入中华民族的文化命脉中。革命文化蕴含的革命精神和崇高理想信念再次振兴了中华民族的精神面貌，其传达的价值理念深刻地影响了中华民族新世界观的形成。社会主义先进文化是中国特色社会主义在新的发展建设实践中所孕育的先进文化内容，其根源于民族优秀传统文化的沃土，一脉相承于革命文化的思想内核，是中国化的面向世界、面向未来的先进、科学价值理念的合集，社会主义核心价值观是其精髓体现。

社会主义核心价值观从价值上引领着中华民族每个个体奋斗以获取幸福生活，指明了使生命过程真正彰显精彩和价值的实践方向，引导着中国人民形成整体合力以实现国家的繁荣和富强，文明的昌盛和先进。社会主义核心价值观根源于中华文化，在指引、推动当代中国特色社会主义事业实践发展的同时，也不断促进了文化自身的再发展和创新。中国特色社会主义文化在繁荣发展的同时，也使社会主义核心价值观产生更深入人心的深远影响。

2. 从文化中汲取社会主义核心价值观内化于心与外化于行的精神汲养

文化认同指的是社会主体对一定社会中孕育形成的文化给予情感、价值、政治层面的认可和接受。① 文化认同的本质在于对文化的核心一价值观

---

① 刘占奎，岳冬青．网络时代大学生社会主义核心价值观文化认同探析［J］．马克思主义与现实，2019（1）：198－202.

的认同，培养将社会主义核心价值观自觉内化于心、外化于行的青年一代，根本在于在教育中帮助青年一代树立对中国特色社会主义文化从价值立场升华到情感的深度认同。通过深化青年一代对中国特色社会主义文化的认识，形成对文化价值内核的科学理解，从而达到深刻认同和自觉践行社会主义核心价值观的教育培养目的。文化认同为培养与践行社会主义核心价值观提供了最基础、深厚和根本的支撑，在教育中充分贯彻文化的铸魂和育人作用，是使社会主义核心价值观深入人心和产生积极深远影响力的关键。

习近平总书记指出："对一个民族、一个国家来说，最持久、最深层的力量是全社会共同认可的核心价值观。"[①] 虽然只有简单明了的二十四字内容，但从对国家层面到社会层面乃至个人层面价值追求的阐述中，社会主义核心价值观中每个词语都蕴含着丰富的内涵，有着巨大的鼓舞人心力量，使人从简单的文字内容中引发丰富、深刻的思考。社会主义核心价值观作为一种持久、深层的精神力量能够长远鼓舞与振奋着民族，根本在于社会主义核心价值观是以深厚的文化底蕴为支撑的。优秀传统文化、革命文化、社会主义先进文化为社会主义核心价值观的形成奠定了重要的根基，没有内在文化的支撑，社会主义核心价值观将缺失其中应有的文化内涵，难以在广大人民群众中引起共情，成为被人民群众接受认可的共识，也难以成为凝聚人心，给予国家、民族信念与希望的思想和精神力量。在文化日用而不知的熏陶中，人民群众于文化认同中，逐渐形成相应的政治认同、社会认同乃至对个人价值追求的根本认同。社会主义核心价值观是一个系统的价值评判体系，这个价值评判体系从宏观到微观角度，阐明了社会主义国家从集体到个体应然的价值追求，从普遍性上充分体现了科学社会主义的原则。不仅如此，社会主义核心价值观还从特殊性上充分彰显了与中国特色社会主义相适应，更为具体化、中国化的价值要求。而这种内在的价值意蕴存在，正是缘于社会主义核心价值观不仅是马克思主义理论指导下的产物，更是与中国文化融合，与中国国情相适应的思想结晶。因此，如果缺乏对中国文化的深刻认识，缺乏对中国文化深层次价值内核的认同感，不能认识到中国文化与社会主义核心价值观一脉相承的文化理想和精神追求，就不能引发对社会主义核心价值观的情感共鸣和价值认可。对中国文化的认识，本质上是对中华文明

---

① 中共中央文献研究室．习近平关于社会主义文化建设论述摘编［M］．北京：中央文献出版社，2017：228.

客观历史发展过程的认识，更是对中国人每一个历史阶段实践奋斗的思想发展过程、精神世界发展历程的认识。通过对从历史实践中总结的国家建设成功经验和失败经验的学习，从中认识人性规律、客观物质规律，从而摸索出改造世界应当遵循的一些客观原则，形成一定的价值原则，以作为个人的自我要求、社会的自觉秩序、国家的奋斗目标。因此，文化认同本质上并非纯粹的主观选择，而是基于明理求真基础上，形成的一种必然性选择，即对代表中国历史发展三个重要阶段文化内容的认同。本质上体现了对先进文化发展方向、对人类文明优秀成果的认同和充分继承。

培育和践行社会主义核心价值观是立德树人的重要体现，要在教育中达到核心价值观内化于人心、外化于言行的效果，不仅需要对学生进行理论的灌输，更要从文化层面加深、加强学生对社会主义核心价值观的认识。文化认同的形成，是基于对中国特色社会主义文化性质、中华文明特征的根本认同，归根到底是对中华民族已有的历史实践，以及当下选择的发展道路和未来奋斗理想目标的全面认识，并在此基础上形成的根本认同。因此，对社会主义核心价值观的理解，如果缺乏文化认同的支撑，则会变为空洞的理解、教条主义的浅层次理解。只有基于文化认同下形成的全方位认识，社会主义核心价值观才能成为指导思想言行的一池活水，并在实践过程中不断汲取到更多的精神力量，加深对其丰富理论内涵的体会，从而达到逐渐内化于心、外化于行的目的。社会主义核心价值观在不断促进个人全面发展同时，也不断使个人进一步深化对社会主义核心价值观的认识，在成长历程中不断实现互动，并从中受益。

（二）铸牢中华民族共同体意识需要以文化构筑认同

1. 文化是中华民族共同体的精神枢纽

共同体的上层建筑取决于共同体的经济基础，而其经济基础又决定了其存在的形式与状态。共同体的上层建筑同时也维系着共同体的稳定、对共同体的生存发展产生影响，共同体和其上层建筑是相互塑造和维系的关系。在百科词典中，上层建筑通常被定义为思想上层建筑和政治上层建筑。[①] 共同体的主体不同，其上层建筑中起主导作用对其产生影响的元素也不同。民族共同体的主体为民族，民族的形成既基于共同体中的人对民族身份的认同，

① 奚洁人．科学发展观百科辞典［M］．上海：上海辞书出版社，2007：78.

也基于对一定的生活方式和价值理念的认同，思想上层建筑中构成民族文化的元素对民族共同体的维系产生了积极深远的影响。民族共同体的形成，是基于对民族所创造的物质文化和精神文化的综合认同。民族共同体的构成是对民族身份认同从自发认识到自觉认识转变的体现，共同体的形成不仅体现在物质上生产关系的形成，更体现在共同体中的人，头脑中形成共同体的概念和认识。因此，文化对于维系民族共同体稳定和生命力有着不可替代的作用，是使共同体中每个个体由自发的生命活动，形成自觉的团结的联合的精神枢纽。

中华民族的概念并非自古以来就有，最早可追溯至梁启超 1902 年所著的《论中国学术思想变迁之大势》，通过将外来民族理论的中国化运用，提出了中华民族的学术概念①。中华民族的概念在至今已不再仅作为狭义上的学术概念被世人认知，已成为深入每个中国人内心的民族身份概念，并也成为中国人被世界所熟知的民族符号。虽然中华民族的概念在近代才被提出，并对铸牢当代中国特色社会主义的中华民族共同体意识产生了重要作用。但中华民族共同体意识的雏形古已有之，在中华文化传统中有着深厚的历史底蕴和文化积淀。例如，认定黄帝是中华文明的人文初祖，认定黄帝是华夏旗帜②，在历史长河中有着牢固的思想根基。从晋代、南北朝、唐乃至宋、元、明、清的历史变迁过程中，不断有更多的少数民族逐渐加入中华民族的大家庭，促进了中华民族更加多元和繁荣地发展。中华民族有着长久的多民族和谐共处、共同繁荣发展的历史经验，为如今有着五十六个民族亲如一家的中华民族共同体形成奠定了重要的文化基础。而对文化的认同，在历史发展过程中，文化的融汇和同化，是维系中华民族团结、和谐发展，乃至最终形成民族共同体最根本的精神枢纽。

在新时代的今天，中华民族共同体意识的概念被习近平总书记在 2014 年 5 月 28 日的第二次中央新疆工作座谈会议上正式提出，这标志着现代意义中华民族共同体的成熟。中华民族共同体的存在对于每个中国人有着更强的感召力和凝聚力，也赋予了每个中国人全新的荣誉感、自豪感和使命感。新时代中华民族共同体以中国特色社会主义文化为凝聚中国人、团结中国人

---

① 梁启超．论中国学术思想变迁之大势［M］．上海：上海古籍出版社，2001．

② 张茂泽．中华民族共同体意识及其历史基础［J］．长安大学学报（社会科学版），2018（4）：1—13．

的精神枢纽，通过创造和发展中国特色社会主义文化，在文化中将中国特色社会主义的理想信仰、价值追求、政治主张广泛深入地弘扬到社会生活中，凝聚、感召起更多坚定的支持者和拥护者。通过文化共筑中国各族人民同一个中国梦，使中国各族人民超越地理上的距离，实现精神和思想上的拉近距离与息息相通，从而实现56个民族对中华民族身份的认同，对中国特色社会主义道路、制度、理论的认同，团结凝聚在一起成为中华民族坚实的民族共同体。

2. 文化意义上的中国人是构成中华民族共同体的基本单位

中华民族共同体的存在，对于中华民族实现伟大复兴中国梦、追寻共产主义远大理想，无疑发挥了牢不可破的联盟作用以及最具可靠保障的精神堡垒作用。中华民族共同体中的主体是伟大的中国人民，共同体作为一个宏观的整体而存在，构成其的每个原子是鲜活、具体的人，是每个新时代的中国人，是拥护、支持、认同中国特色社会主义道路、制度、理论、文化的中国人民。因此，中华民族共同体的存在，首先在于共同体中的成员是具有法理意义的公民身份的中国人，是在地理上生于中国、长于中国，和中华大地有着血脉相通的联系的中国人，从物理意义上使中华民族共同体作为一个现实中的实体而存在。其次，共同体之所以为中华民族共同体，在于构成共同体中的每个中国人，通过国家观、民族观、历史观的高度认同和深度的情感共鸣，使共同体不仅具有其物理上的实体属性，而且是作为承载着一定的历史记忆、身份标识、共同目标和共同理想的精神文明共同体而存在。例如，“炎黄子孙”“中华儿女”“龙的传人”是具有鲜明中国文化特征的词语，是指代中国人的别称①。这些称号的存在，从文化意义上印证了中华民族共同体中的人对自身身份的积极认同。而这种认同，并非某种契约式利益关系的约束，而是发自内心的从精神世界找到归属的家园，从文化心理上找到体现自身合理存在的港湾。这些代称体现了中国人的存在不仅是肉体生命的生理活动，更是从文化层面的意义彰显了中国人独特的民族属性，以文化为载体，焕发中国人独特的民族精神，形成非凡的生命活力。文化意义的中国人是使中华民族共同体彰显精神和生命活力的因子。

中华民族共同体和每个中国人是彼此相互依托、相互生成的关系。假如

---

①　查火云，郑航．当代中国爱国主义教育的话语分析：国家认同的视角［J］．教育学报，2010（6）：92—98.

不认同共同体的核心理念、失去共同体的依托，从精神和文化上斩断对共同体的认同和联系，则不能称之为真正的“中国人”，从道德伦理和人格表现上都将作为一个不完整、不健康，即所谓大节有亏的人而存在。而共同体的繁荣发展同样也不能缺少人的支撑和充实，假使缺少构成共同体的人，或者说缺少真正从内心深处认同共同体的理念、主张，缺少将中国特色社会主义的核心价值观、中华文明的价值主张内化于心的文化意义上的中国人，共同体也难以达到凝心聚力的效果充分彰显中华民族卓越的文明特征，发挥其应有的精神旗帜作用和文化引领效应。壮大中华民族共同体，需要不断培养认同中国文化、用实际行动支持中国发展建设的文化意义上的中国人，加入充实到中华民族的共同体中，从而不仅是从物理意义上振兴与扩大中华民族数量上的规模，更是从精神内核的质的层面充分扩大中华民族共同体的影响力，发挥其应有的振奋人心和凝聚人心的精神文化引领作用，从而使中华民族共同体产生更强大的思想凝聚力和改造世界的行动合力，将非一朝一夕可成的中华民族伟大复兴的中国梦和共产主义远大理想沿着正确道路贯彻到底。

文化意义的中国人既是构成与充实中华民族共同体最基本的单位，同时也因为依托于中华民族共同体，享有独特的历史传统、肩负特殊的历史使命，与中华民族共同体荣辱与共，应对一致的挑战，并在这个过程中把握自身的人生机遇，在为中华民族共同体振兴的奋斗过程中实现人格的成长和升华。中华民族共同体赋予了中国人肉体生命以外的精神生命意义，使中国人形成独有的民族自豪感和高尚、伟大的精神追求。中华民族共同体引领着个体不断追求积极、和谐、向善的生命体验，为个体突破自身发展的认识和实践局限增添新的精神活力，通过联合成为共同体，超越作为个体的发展局限性。中华民族共同体的存在，使中国人从为民族谋利益、在为解决民族生存和发展的事业中，推动中华民族共同体整体的和谐发展，在这个实践过程中同时也实现了自身的全面发展，获得真正的人生幸福。

3. 铸牢中华民族共同体意识需要以文化引发情感与价值的共鸣

“铸牢中华民族共同体意识是实现中华民族伟大复兴的必然要求。”① 通过铸牢中华民族共同体意识，培养青年一代对中华民族共同体从理智的科学认识到情感的深刻认同，实现爱国情感的自觉与深化，是在价值观教育和人

---

① 习近平．以铸牢中华民族共同体意识为主线 推动新时代党的民族工作高质量发展［N］．人民日报：2021－08－29（1）．

格塑造过程中落实“立德树人”根本任务最基本所要完成的重要内容。如何理解中华民族共同体意识？有学者指出，“56个民族成员能够自觉认同中华民族共同体的客观存在，并自觉认识自身是成员之一的观念是为中华民族共同体意识。”① 从狭义角度而言，中华民族共同体意识的培育是新时代民族工作的内容。从广义角度论，中华民族共同体意识的构建，是具有高度政治意义和先进文化意义的德育工作内容。培育中华民族共同体意识，不仅是对民族身份认同和自我身份认同的培育，更是培育青年对中华文明的价值内核、中华民族的理想追求、中国特色社会主义伟大实践的认识和认同。从而在民族身份认同的基础上，获得精神动力和实现思想升华，形成强烈的民族自信心和自豪感，并在此基础上激发最强烈、真挚的爱国情感。因此，实现高校立德树人，中华民族共同体意识的培养是必不可缺的教育内容。而要培养情感和价值立场上亲近祖国、亲近民族、亲近人民的新时代青年，文化既是最根本的滋养也是最不可分割的纽带。以文化为纽带铸魂育人，在根本的文化认同基础上深铸青年的中华民族共同体意识，有助于在新时代帮助青年塑造更全面、更立体的价值体系，在此基础上加深对何为中华民族的认识，以及认识中华民族历史和未来在人类文明发展中所扮演的重要角色和贡献的巨大价值，并认识到中华民族共同体的存在从物质到精神上对于推动中华民族伟大复兴的重要意义。中华民族共同体意识的培育，是个人成长需要和社会进步需要相统一的体现。

培养新时代青年树立中华民族共同体意识，既是促进个体养成朴素感性的爱国主义真实情感的必然需要，同时也是培养形成科学理性的爱国主义思想认识的必然需要，中华民族共同体意识是作为中国人立身之本的最基本的价值共识。在新时代形成自觉的中华民族共同体意识，是具备成熟的政治观、道德观、人生观的重要体现，是在新时代作为中国人完成个体成人必然需要具有的基本价值共识和科学内在素养。

学者刘建军认为，人的生命具有双重性，人来源于并依存于自然界，但人又是超越自然性的文明性存在……人之为人更重要的前提是认识并实现自己的生命价值，确立安身立命之本。② 生长于中华民族共同体中的每个成

---

① 孔亭．试析中华民族共同体意识的基本内涵［J］．江苏大学学报（社会科学版），2019（21）：33－40．

② 刘建军，梁祯婕．论爱国主义的“硬核力量”［J］．马克思主义研究，2020（3）：26－34．

员，都在共同体的庇护下，实现从自然性的个体生命向社会性、文明性的共同体生命状态成长。通过汲取共同体所创造的物质财富和精神汲养，实现个体知识与技能的积累，实现世界观与价值观的培养，终而实现个体成人的发展。而共同体促进个体成人发展的过程并不是单向的，个体在得到共同体庇护的同时，也基于自身所具有的专业特长，基于自身的思想道德水平，在共同体组织下参与到改造世界的进程中，为共同体的发展贡献物质和精神的力量，并与此同时完成自身人格和身体的进一步塑造和完善。共同体容纳其成员的同时，也将所有成员的力量组织和凝聚起来，将共同的智慧和创造力凝聚成合力，使共同体成为一个拥有强大物质力量和精神力量的共同体，是可以托付和信赖的共同体。而也正是因为个体实现自身发展和所属共同体的发展有着不可分离的共生关系，共同体中个体实现自身的安身立命，从肉体的生存到生命价值的实现，都需要依托于共同体以完成。因此，共同体的成员树立坚定的共同体意识（具体表现为精神上的归属、价值观的认同、行动上的支持），并彼此之间形成牢固的价值共识，既是安身立命实现自身根本生存的必然需要，也是使共同体得到进一步强化的现实发展需要。只有共同体成员之间形成共同体意识的自觉价值共识，才能实现个体与集体良性循环的共同进步发展，从而在长远意义上实现共同体和成员共同的发展和价值实现。

中华民族有着深刻而强烈的共同体意识，从古至今，中华民族共同体意识以不同的形式和名称出现在中国人的生活和政治文化活动中，其实质是以爱国主义为核心的民族精神，以及对国家民族和谐齐力发展的深谋远虑的理性认识。作为中国人，自身个性的发展不能脱离具体的历史环境和文化土壤。培育中华民族共同体意识促进了个体健康积极的人格塑造、养成优良的道德品质，是树正气、育新风的基础。中华民族共同体意识的树立，是中国人能问心无愧地从身份归属上对自我进行肯定和鼓舞的精神支柱，没有中华民族共同体意识的支撑，中国人也就失去了“精气神”的来源，难以在精神上实现真正的自立和自信。

（三）涵育中国式智慧需要文化的启润心智

在教育中传承中华文化中的智慧，使青年一代以辩证唯物的思想观认识并把握中国智慧，将其创新转化于新时代中国特色社会主义的伟大实践中，是高校实现立德树人不能缺位的教育内容，也是使中国特色社会主义教育增添活力和生命力的重要组成成分。中华文化之所以具有十足的思想吸引力与价值魅力，不仅在于其蕴含了伟大的精神力量和优秀文明的价值观，中华文化同时也是一笔珍贵的智慧宝典，其中所蕴含的中国式智慧饱经历史实践的检验，与中华民族的伟大精神和优秀价值观相辅相成、相得益彰。中国文化中不断传承发展的智慧元素为先人践行中华民族的理想抱负提供了重要的智力支撑。中华文化中优秀文明的价值观教化引导着中华儿女守正道、崇正念，以正确的价值抉择改造世界，并在此过程中不断迸发出新的智慧火花，融汇为中华文化新的成分。中国智慧和中国精神二者的有机统一，共同奠定了中华文明辉煌、进步、蓬勃发展的基础。作为新时代的中国人，不仅要继承中华民族伟大的民族精神、发扬时代精神，弘扬优秀的价值观，同样要重视对传统文化中物质文化和精神文化的发掘，只有充分继承文化中的古老智慧，才能将其创新转化为当代的中国智慧，并在中国智慧的启示和指引下，更好地创造幸福和谐的生活，并以中国智慧造福人类文明。也正是基于这样的深谋远虑，新时代中国特色社会主义教育对学生文化自觉的培养和塑造无比重要，是立德树人过程中必不可缺的重要内容，只有具有高度的文化自觉，才能扬弃对传统文化中一些思想观点教条主义和僵化的看法，去除传统文化中的糟粕成分，真正继承和体悟中国智慧，创新转化后灵动地运用于生活实践的各领域中。

立德树人从显性字面意义而言，意指培养具有道德感的人。而代入到具体的生活场景中，可以显而易见地认识到，立德树人所要培养的并非只能从价值上空泛地谈论“德”的人，必然是具有一定的智慧与方法以践行“德”、捍卫“德”的人。通过自身的实践充分弘扬“德”的价值魅力，以及通过实践充分验证在“德”的指导下，人类可以创造更优良的社会秩序，人与人之间可以形成更为和谐的关系，人自身在“德”的指导下能更好地发展自身，“德”的价值主张体现出更合理、超群的智慧思想。在中华文化中，以孙子兵法的思想方法为例，战争的智慧不在于战胜对手，上兵伐谋的智慧是为了“不战而屈人之兵”，不以暴力手段达到目的为最上乘的方法。孙子兵法非常具有代表性地充分彰显了中华文明智慧的特征，即充分把握对立统一的辩证规律，不以对抗为解决矛盾的根本方法，用非对抗的方式解决斗争的问题，创造条件将对立面的力量转化为对自身有益的力量，实现自身与外在的合二为一，通过整合对立面，从共生中实现整体更强大的质变。中华文化重视人的能动因素，重视维护人本身的人本性，因此，中华文化中的智慧围绕“仁人爱物”的德性价值观而展开，用对立统一的动态平衡思维看待事物相互联系的状态，重在实现事物最终和谐的整体状态。中国智慧也因此体现出强烈的正义感与人本价值的情感温度，并非一种追求纯粹中立、主客二分的冰冷利益算计。也正是因此，中国智慧具有强烈的群众基础，深得人民群众的青睐与喜爱，这本身在于中国智慧所体现的价值立场接地气、亲人民，于最朴素的事物中彰显高明的智慧。在人民群众中，中国智慧通过民俗艺术、戏曲、说书等方式，以历史故事、传说等形式为载体，广为流传，经久不衰。中国智慧在流传发展的过程中，也融入了更多人民群众在生产实践中总结的智慧元素，人民群众是中国智慧源远流长和充满生机的力量根本。中国文化是中国智慧最好的载体，每个中国人都在中国文化的熏陶中，不断汲取着中国智慧，从中受益。

若中国文化的宝贵资源没有充分被运用于教育事业中，各个学科的教材缺乏对中国文化内涵的阐释，研究机构缺乏对中国文化全面的学术研究，则中国文化就会犹如幽兰弃于野，其智慧含量没有被有意识地充分发掘和更大众化普遍地传播弘扬。人们只能自发地在无意识的生活情境中，浅尝辄止地碎片式感受到文化中智慧的含金量，不能系统地认识和了解中国文化，也无法真正领略到中国文化博大精深的智慧和魅力，也因此无法真正形成高度的文化自觉。因此，办好新时代的中国特色社会主义教育务求要合理用好中国文化的宝贵资源，在教育过程中不断启发学生发掘和认识中国文化中智慧元素，引导学生形成文化自觉，对中国文化不仅知之，而且好之乐之，知其所以然，于文化自觉中进一步地阐释和弘扬中国文化的智慧内涵，创新转化于新时代的伟大实践。因此，中国特色社会主义教育所要塑造培养的是与中国特色社会主义国情、文化相合的人才，是对中国文化能结合古今中西辩证贯通地理解，并从中不断汲取有益思想元素以涵养自身品性和提升自身智慧的人才。具有中国式智慧的新时代人才，必然是不忘根本，同时又能以积极包容的心态面对世界、面对现代化、面对未来的优秀人才。具有中国式智慧的新时代人才，在学习和实践的成长过程中，能够包容地吸收一切人类文明的先进思想元素，并不断创新出有主见、有特色的中国式方案，向世界展示中国智慧的独特魅力。在教育中培育与传承中国式智慧，既是对文化自信的坚守，同时也向世界彰显了中国智慧、中国力量、中国方案，是实现凝心聚力的重要方式。

二、实现立德树人的陶冶情操需要

（一）“德性”与“理性”的体用关系

在中国文化的语境中，“德性”与“理性”各体现了一种相应的文化气质和品性素养。《应用写作大百科》在解释“理性”的内涵时，指出“理性”是信念、判断、推理等思维形式或思维活动。“理性”可以追溯至古希腊时期，古希腊时期西方的理性主义认为，只有理性认识才是最可靠的，把理性看作知识的源泉。“理性”概念从其提出和在西方哲学史中发展的轨迹而言，“理性”具有在可知中去认识和把握事物的价值意蕴，即要扬弃对事物认识的感性和不确定性，去除对事物表象的认识，或是抛却对事物不明其机理、简单复制旧经验的经验主义认识。“理性”以概念归类和逻辑推导的形式去认识和把握事物，是严谨、客观地认识事物思维方法的综合体现。代入中国文化的语境中，“理智”能比较贴切地表达“理性”的意蕴，指清醒、冷静、合乎实际的思维。“理性”代表着能客观、辩证、实事求是地去认识和探索事物，能透过现象看本质地认识事物的根本，从微观上洞悉事物的原理，从宏观上把握事物的整体。“理性”的概念源自西方的文化背景，自马克思主义传入中国后，“理性”之所以成为一种重要的内在品质被中国文化吸纳，关键在于“理性”意味着对事实的尊重，对科学精神的追求，对真理的不懈求索。中国文化中的“理性”不仅意味着思维上崇尚理性，更意味着道德原则上要摆事实、讲道理，在实践的指导原则上要明理求真，这也是“科学理性”的品质被推崇的原因。

“德性”在中西方文化中都有一定的历史渊源，“德性”在西方文化中一般指具有知性的道德，能从理性的层面看待和对待道德，并作为行为准则的依据。而在中国的文化语境中，“德性”内含着丰富的价值意蕴。在《中国哲学大辞典》中，德性释为“儒家所谓人的天赋道德本性”，而综合各学者所述，“德性”显然蕴含着丰富而深刻的内在含义。学者杨新铎在著作《德性文明论》中以“德性”来形容中华文明的特征，他指出，中华文明是德性的文明，“一种以中华德性文明为根基和内核的天下德性文明正在兴起”。①

① 杨新铎．德性文明论［M］．北京：知识产权出版社，2018：2.

学者邹广文在著作《中国当代语境下的文化矛盾与文化走向》中，以“道德理性”来阐释何为“德性”[①] “德性”在中国文化的语境中，具有“明明德”、“止于至善”、“亲民”等思想意蕴。“德性”并不从内容上直接指代具体的道德标准，但“德性”是一种自觉道德修养的心性体现，是从真实情感上向往真善美的反映，并且在行为上的知行合一。“德性”是一种道德境界的体现，超越了从知性层面对道德的理解，通过从和乐善美的整体和谐境界中把握人性美的动态平衡。“德性”意味着一种中正安舒的心灵状态，体现了大巧不工的智慧，是行正事、怀正念、扬正气文化气质的体现。“德性”更彰显了一种人生态度，对生活和乐善美的信念，以及行为上对这种信念的捍卫和坚守。

“德性”与“理性”是人的两种根本的内在品性与素养，随着时代的发展，人基于全面发展的需要对二者缺一不可。新时代中国特色社会主义高校立德树人所要培养的是素质教育的时代新人，素质教育是致力于人全面发展的教育方式，“德性”与“理性”素养的具备，是素质教育的重要特征。“德性”与“理性”具有不同的特征和属性，但二者不同于“活泼”和“文静”、“冲动”和“冷静”两种根本对立的性格或者品性，二者是可以兼容的内在品性，并且在二者的互补中，使人具备更成熟的思想、更完整的人格、更卓越的实践能力。“德性”与“理性”作为两种人的根本素养其根本性体现于，“理性”是求真态度、科学精神形成的基础，而“德性”是严于律己、推己及人的习惯和修养体现，是不断自我反省和完善以促进人格成长的基础。“理性”意味着待事接物思维方法的重视，通过求真求知以把握事物的规律，从而提高实践的效能。“德性”意味着对处理人与人之间关系价值规范的重视，对以人为本为根本的人文关怀基本原则的坚持，通过理顺人与人之间的社会关系，形成和谐、合理的互动关系，从而推动事物发展进入正确的轨道。“德性”与“理性”的逻辑原点都是基于实践发展的需要。中国特色社会主义进入新的历史发展时期，中华民族离伟大复兴的目标日益接近，时代的发展使社会主义事业需要具有更综合全面素养的高等教育人才作为接班人。高校教育事业的立德树人，不仅只意味着致力于培养人的“德性”，其根本目的是通过“德性”与“理性”两种重要素养的共同塑造，以培养更健

---

① 邹广文．中国当代语境下的文化矛盾与文化走向［M］．北京：首都师范大学出版社，2019：98．

全的人格、促进人更全面的发展。

(二)“德性”的养成离不开文化对人的春风化雨

马克思在现实性上把人的本质阐释为一切社会关系的总和。[①] 从本质而言，人的生命内含着社会性和文化性的特征，人所具有的“德性”秉性，是社会关系综合作用的结果，而人类社会的文化是共同体中人社会关系的一部分，是促使人“德性”形成的重要因素。王阳明曾如此形容人区别于其他生命的特殊存在，人的内心具有“一点灵明”，“可知充天塞地中间，只有这个灵明”。人的“灵明”是人性道德光辉的体现，人对公平、正义、和平、幸福生活的追求，对先进文明价值理念的探索和传播，并且革命地改造世界以践行之，是人类文明不断进步的根本原因。因此，人与自然界其他生物的不同在于，人的生命意义不仅满足于只追求吃喝繁衍的简单生理需要。人的生命活动从更高维的层面上实现了与客观世界的互动与相互作用，人所具有的“灵明”充分体现于人的实践性，正是生命活动中不断实践的需要，赋予了人生命的精彩和能动，彰显了人在追求发展自身道路上的全面性和复杂性。而人所具有的灵动、澄明的更高生命特征，显然不仅仅只从物质上对工具的使用以及思维上对自身趋利避害的更高等智识可以说明。从意识的层面而言，人的生命活动是精神、情感、思维的高度统一，行为动机中包含了道德、价值、立场等驱动因素，正是人的“德性”充分彰显了人所具有的高等智慧特征和独特的生命价值。

人“德性”的禀赋并非与生俱来则有，通过后天的学校教育、社会人文环境的潜移默化、自我的学习实践以养成。综合而论，人“德性”的养成并非一个纯粹的知性知识的学习过程，仅从概念上对何为道德明晰，从逻辑上了解道德对人自身发展的影响以及与社会整体的关系，并不能真正促使道德良序内化于人的内心。人“德性”的养成是对生命更真实认识、更美好体验的结果，是身体力行、感官审美、道理明晰、情感共鸣等因素综合作用的结果，需要以更贴近生活的叙事内容、更具审美价值的诗意语言、更具人生哲理的历史经验，以产生思想的启示，引发对生活经验真实的共鸣。而文化正是人类社会中能引发这种共鸣和启示的思想资源，文化是一个民族最根本、

① 马克思，恩格斯．马克思恩格斯选集：第1卷［M]．中共中央马克思恩格斯列宁斯大林著作编译局，译．北京：人民出版社，2012：139.

深沉的精神积淀，文化承载着丰富的信息元素，只有文化才能促使人向更广阔的思想空间漫游，焕发人更具积极意义的精神意象，在知性知识的基础上，文化如润滑剂一般带给人如春风化雨一般的精神享受，促进人在精神境界上发生飞跃，向更好的生命体验进发。人的生存和发展不仅体现在肉体上融入人类社会的生产和交往中，更体现在融入文化意义的社会共同体中，在文化的春风化雨中，促使人积极探寻并实现生命的价值，在对真善美的理解和弘扬中真正实现生命的升华和归属。

（三）文化的化育作用促进了人“理性”与“德性”的协调统一

“理性”与“德性”是存在于人内在的两种重要文化气质，对于人的存在和发展具有重要的价值意义。“理性”与“德性”并非矛盾对立内在特质，而是可以在人身上兼容地共存，促使人以更广阔的视野和思维看待问题，以更智慧、文明、道德的身心状态而实现生命价值。实现“立德树人”的教育根本任务，同时也是一个促使人“德性”与“理性”协调合一的教育培养过程，而文化的感召化育作用，是促进人“德性”与“理性”协调并重发展的重要因素。“德性”与“理性”是一对具有对立统一特征的内在品性，人的“德性”中蕴含着“理性”的元素，“理性”中同时也蕴含着“德性”的元素，而“德性”与“理性”又有其在思维方式上对立的一面。人并非生来就具有“德性”或“理性”的秉性特质，而是依据性格的不同，后天成长环境不同，学习和关注的内容不同，以及自身所长不同，相对性地形成较为外显的“德性”或“理性”的特质。人在后天生活实践的过程中，后知后觉地发现自身性格或思维上的短板，即“德性”素养或“理性”素养的欠缺。为适应实践发展的需要，人在自我完善过程中需要不断促进自身“理性”与“德性”的协调。从而学会以更具人本关怀的价值情感待人，养成通融练达的处世智慧，形成既豪迈又温和的气度。而文化对人的感召化育，是促使人自我完善，提升思想和认识的境界，重视人文素养和科学素养的并重，达成“德性”与“理性”协调合一的关键要素。

文化记录了人类已有的历史实践，蕴含着人类文明的思想结晶。文化中蕴含了前人成败得失的经验总结，承载了推动人类文明进步的伟大精神和价值信念。文化对人的感召化育作用体现于，以润物细无声的方式，引发人对某个现实或历史问题的思考，在启发式的渐进引导中，使人对某种价值理念产生认可，从逻辑思辨、美学享受、精神立意上有所得。从而引发人产生广泛联系的思考空间，参照自身的生活经验，在与现实问题相联系过程中，形成对某种价值观点的认可并内化于心。中国文化蕴含着以人为本的核心价值理念，在中国文化中，人是最根本、鲜活、具体、生动的存在。中国文化通过塑造理想型的人格，以理想型的“人”为价值载体，生动、鲜明、又具体地诠释了人的价值追求，达到弘扬优秀价值观，实现对人感召化育的目的。中国文化中的理想型人格，是“德”与“理”统一的化身。“君子”、“士大夫”的品性气质，充分诠释了何为“德性”与“理性”的协调合一。于“德”，君子有“先天下之忧而忧”的价值情怀，有“为生民立命”“为万世开太平”的奋斗目标和理想。于“理”，“士大夫”有治国理政的方略，有治理水利、促进生产的方法，有治理武备、保国安民的谋略。在中国文化中，“德性”与“理性”二者密不可分，“理性”的智慧方略服务于“德性”的价值实现，而“德性”的价值追求生成了“理性”的智慧谋略。因此，“德性”如果缺乏“理性”的相佐，就不能通过实践以充分诠释道德的精神实质，也不能落实道德良序的社会主张，以真正捍卫和弘扬公德与私德。而“理性”的聪明才智，如果缺乏“德性”的价值审视和约束，则会沦为“工具理性”、旁门左道。“德性”与“理性”的协调合一，是人更全面地发展、保证自我价值实现的必然需要。中国文化是感召人以广阔天地为舞台、形成“以天下为己任”情怀的“德性”文化，同时中国文化也引导和启示了人如何以“理性”思辨的智慧把握规律，延续文明的火种，用实际行动弘扬这份精气神。中国文化是一笔宝贵的精神财富，于春风化雨中，塑造与滋养着人的内在秉性，促使人在人格成长的过程中“德性”与“理性”有机协调的统一。

三、实现立德树人的增强信念需要

（一）生成立德与立志的自觉意识需要文化的价值涵育

习近平总书记以“国无德不兴，人无德不立”[①] 来形容“立德”对于人生的重要意义。“立德”不仅意味着价值观、世界观和道德观的确立，更意味在生活实践中贯彻落实这种价值原则，以使“德”真正被弘扬，被社会推崇。“立志”则与“立德”相伴而生，“立志”建立在“立德”的基础上，只

① 习近平．习近平谈治国理政：第一卷［M］．北京：外文出版社，2018：168.

有在确立个人的世界观、价值观、道德观基础上，才能孕育形成个人的志向和人生理想。“立志”是“德”外化于行的具体体现，“立志”体现在对人生目标的确立、理想信念的树立，抉择出能够实现个人价值的人生道路，通过对自身“志向”的充分践行，来诠释心中所坚守的“德性”。而这种对自身所认可的价值原则坚持的精神力量，将心中的“德”与“志”贯彻到底的勇气和决心，正是源自文化的价值涵育。

青少年文化自信的树立源自文化的价值涵育作用，而文化自信是铸牢精神之基，增强自身信念，生成“立德”与“立志”自觉意识的基础与前提。文化自信的力量不仅体现于从价值上认同某种文化，更意味着行为上对某种文化的捍卫与支持，并践行文化核心的价值理念。而文化自信不是凭空形成的，一种文化所蕴含的价值内核具有鲜明的合理性、正义性、先进性、文明性的特征，是文化自信形成的客观条件，文化的价值内核需要具有相应的感召力与吸引力，才能产生强大的价值涵育力量，教育者才能用之以化人、育人。中华民族所创造的优秀、璀璨文化，是中华民族赖以自豪、自信的精神财富，民族整体树立坚定的文化自信，是实现民族复兴、国家强盛的必然需要。基于中国特色社会主义文化而有的文化自信，养成了中华儿女广阔的心胸，孕育了中华民族豪迈、英武的气质，增长了民族整体的眼界和格局。树立坚定的文化自信是每个中华儿女实现自我升华，完成立德立志、成才成人必不可少的重要基础，更是成长为真正的中国人（文化意义上的中国人）必不可缺的精神根基。在教育中以中国特色社会主义文化育人、铸魂，使广大青年树立坚定的文化自信，并由此生成“立德”与“立志”的自觉意识，对于实现“立德树人”的教育根本任务、为国家民族培育能担负复兴重任的时代新人具有重大深远的意义。

文化自信是“立德”与“立志”的思想之基，文化自信的形成不是主观的臆断，而是建立在对中华民族历史、学术、民族英雄等精神文化与物质文化的充分认识基础上。坚定的文化自信，来自对民族已有历史实践的充分认识，从前人的实践中引发对中华民族一直以来的精神追求的深刻理解。从这种充分认识中把握历史发展和社会发展的规律，并从中获悉人自我的发展和社会、历史发展的内在联系，从而找到坚守“德行”和“志向”的意义所在。而也正是通过对这种意义的明确，形成自身成熟的思想认识体系，从而确立自身的价值立场、处事原则，乃至于形成一生矢志不渝追求的理想目标，即实现“立德”、“立志”的思想升华。而这也正是实现立德树人所需要的自觉认识和精神力量来源，立德树人的实现，虽然需要借助外在的教育以塑造和引导，但最终决定于对象主观世界的改造是否成功，决定于受教育对象是否实现“立德”与“立志”的自我升华。而中华民族所创造的璀璨文化，正是实现自我升华的精神汲养来源，树立坚定的文化自信，是实现自我升华的先决条件。

（二）提升知行合一的能动性需要文化的价值引领

实现中华民族伟大复兴，不仅需要帮助青年树立远大的志向和抱负，同样需要培养青年养成知行合一的优良作风，使青年形成敢于实践、乐于探索、勇于落实的实干务实精神。“哲学家们只是用不同的方式解释世界，问题在于改变世界。”[①] 改变世界不仅需要从理论上把握正确的实践方向，更需要通过千次万次锲而不舍的实践，将正确的实践理念贯彻落实到底。实践是推动一切事物发展的根本，一次错误的实践胜过千百次原地不动的坐而论道，拥有知行合一的能动性殊为可贵。能动性的形成，意味着对事物的认识并非只停留在浅层次的价值认同，必然需要内在更深层的精神信念为支撑，从而产生强大的思想动力和实践动机。因此，新时代中国特色社会主义教育所要关注的重点之一在于，不仅要从认知层面上培养学生认识中国特色社会主义的伟大理想、中华民族优良的道德品质和所倡导需要的时代精神，更要通过教育促使学生在实践中积极践行，以将之内化于心。通过知与行的合一，使学生真信真懂真用，从而真正达到“立德树人”与“铸魂育人”的教育效果。

发挥文化的思想感召作用，树立坚定的文化自信和理论自信，是学生增强信念与精神力量的根本途径，也是践行理想信念的知行合一的能动性形成的根源。坚定的文化自信为养成良好的思想品德及树立远大志向提供了源源不竭的精神动力，同时也为理论自信的形成提供了最根本的支撑。树立坚定的文化自信，意味着从文化和民族身份上深刻认同自身作为中国人的存在，从最为朴素的守土安邦、保家卫国的情感中，产生强烈、深刻的爱国之情，担负起作为中国人应有的道义与责任感。而这种朴素而直接热烈的爱国热情，并非通过理性知识的学习而获得，而是结合所生所长的环境土壤，通过

---

① 马克思，恩格斯．马克思恩格斯选集：第1卷［M］．中共中央马克思恩格斯列宁斯大林著作编译局，译．北京：人民出版社，2012：136.

文化的感召，引发最真实的生活体验与最直接的共情。自鸦片战争以后，中华民族陷入内忧外患中，面对积贫积弱，与西方资本主义国家存在巨大国力差距的半封建半殖民的旧中国，仍然不断有大量的爱国的仁人志士尝试引进各种制度和学说，尝试改变旧中国面貌，使旧中国重新焕发生机。在马克思主义传入中国前，虽然大量爱国的仁人志士尝试对中国改造的方案都以失败告终，但是他们从没放弃对强国强民道路的探索，乃至于经历大量的失败后，在大浪淘沙的环境中发现了马克思主义的真经，并将之引入中国与中国的革命实践相结合。而倘若没有坚定的文化自信，就不能激发作为中国人应有的使命感、荣辱感、责任感，不会在中华大地上孕育出前赴后继以救国救民为毕生使命责任的爱国志士。坚定的文化自信造就了用实际行动回馈社会、报效祖国的爱国志士，凝聚起教育程度不同、从事专业领域不同的社会各界人士，向着共同的目标和梦想齐头并进，捍卫和保护中华文明。

在新民主主义革命时期，中国共产党正是因为拥有坚定的文化自信和理论自信，才能不断克服革命过程中的万千艰难，建立独立自主、人民当家作主的新中国。中国共产党不仅以实现共产主义远大理想为奋斗目标，而且形成了为人民服务等一系列具体、生动、接地气的宗旨与理念，并积极地贯彻和践行之。中国共产党先进的指导思想和科学的工作方法，缘于始终坚持马克思主义的思想指导，秉持着对理论自信的坚定。而在中国革命的具体实践中，能够将理论与实际相结合，也正是因为自身对文化自信的坚持。文化自信为避免教条主义地理解工作中的具体问题提供了重要的智力支撑，即能以坚定的自信底气，坚持具体问题具体分析，中国的问题要用有中国特色、与中国国情相适应的办法结合理论的科学思想指导以完成。坚定的文化自信促成了中国革命中真正的知行合一，将马克思主义中的立场、方法、观点真正落实到中国的实际中。而也正是因为以毛泽东为代表的中国共产党领导人始终以坚定的文化自信处理革命中的实际问题，因而从战争到根据地的经济建设、生产发展，产生了一系列灵活而又始终坚持原则的工作指导思想，激发了广大干部和群众强大的主观能动性，充满干劲地积极落实中国共产党领导人的政治建设、经济生产、文化建设等一系列指导思想。而马克思主义中国化的伟大实践和理论，正是基于这样的现实土壤应运而生。

自新中国成立以后，在社会主义的改革和建设过程中，正是在治国理政过程中基于对最根本的文化自信的坚持，中华民族保持了道路自信、制度自信和理论自信的底气和自觉，这是能够实事求是地分析中国的发展需要、依据基本国情提出方案解决问题，使中华民族在自身发展道路的抉择上始终保持根本的自主性和独立性的决定性因素。对科学社会主义原则的坚持，并不是用抽象和普遍性的理论形式去指导实践工作开展，而是依据马克思主义的基本方法观点，依据具体而现实的实践土壤、民族文化、基本国情，形成对现实事物更为具体、与时俱进的科学指导理论，推动理论和实践的发展。在实践的检验中、在对现实发展问题切实有效的解决过程中，实现对科学社会主义原则的坚持和贯彻。正是对文化自信的坚持，使马克思主义中国化的理论发展充满了思想活力，在中国的大地上能够说服群众、掌握群众，凝聚人民的力量推动中国特色社会主义事业大力发展。

（三）增强向理想型人格成长的自主意识需要文化的精神感召

习近平总书记指出："中华民族生生不息绵延发展、饱受挫折又不断浴火重生，都离不开中华文化的有力支撑。中华文化独一无二的理念、智慧、气度、神韵，增添了中国人民和中华民族内心深处的自信和自豪。"[①] 在生活中弘扬中国特色社会主义文化，在教育中以中国特色社会主义文化化人、育人，其重要的目的之一是树立民族整体坚定的文化自信，为"成己"、"成人"提供最核心的精神动力和信念支撑。树立坚定的文化自信在国家层面上有利于国家整体的独立自主和开拓创新，于社会层面有利于思想凝聚力的增强和精神文明水平的提升，于个人层面，有利于促进人全面发展和不断完善自身人格的塑造。每个人的存在不是独立于社会的孤立存在，个体的成长过程实质上是一个社会性的成长过程，这就意味着每个个体成长过程同时也是一个人格的塑造过程，通过成长为不同的人格以适应与之相应的社会关系需要。个体的人格养成、人格塑造是人的自由全面发展中的重要构成部分，拥有一个健康完整的人格，意味着人生观、世界观、道德观的成熟，体现了对自身人生道路的抉择，即塑造怎样的人格、成为什么样的人以实现自身所认同的人生价值和意义。

国家、民族是一个共同体，共同体整体的强大离不开对共同体中每个个体发展的关注。从历史来看，在人类社会的每个历史阶段，共同体中每个人的全面发展程度不同，发展的先后次序不同，而要推进文明的进步和延续，必然需要共同体中更为先进、自觉的部分个体，充分发挥先锋模范作用，实

---

① 习近平．在中国文联十大、中国作协九大开幕式上的讲话［M］．北京：人民出版社，2016：4.

现对人类文明发展积极的引领作用。历史不是单个英雄人物或者精英创造的，但发挥先进引领作用的个体通过帮助共同体中其他人实现自身更为全面的发展，达到了共同创造历史的目的，实现了共同体的整体繁荣，最终推动历史的进步。因而，在东西方文明的历史发展过程中，都在教育中致力于理想型人格的培养和塑造，通过培养个体拥有自觉澄明思想认识的先进人格，培养为社会进步作出巨大贡献、于人类解放事业有益的伟大人格，实现对人类文明已有成果的充分继承并且发挥积极的引领作用。对于个体而言，向理想型人格成长不仅关系到自身的尊严和荣誉，更是实现人生价值的重要途径。

立德树人的成功与否最终反映在“树人”的结果上，对人格的塑造最终决定培养出什么样的人。促进人向理想型人格的自觉成长是实现立德树人的重要体现，理想型人格在学术上通常被定义为“主体性道德人格”。[①] 理想型人格并非一个抽象的概念存在，生活中有大量鲜活的例子充分阐释了何为理想型人格。例如在中国传统文化中，君子通常是理想型人格具有代表性的体现。[②] 理想型人格蕴含着蓬勃积极的精神力量，拥有着自觉澄明的道德认识，内怀着热烈赤忱的生活态度，理想型人格拥有强烈的责任感、正义感与道义感，热衷于投身对人类有益的事业中，是国家、民族共同体幸福安危热切的关注者和坚定的守护者。理想型人格不仅知行合一地弘扬着先进的思想和健康的精神，而且通过自身的言与行，起着积极的教化与引导作用，为社会整体道德水平的提升发挥着楷模作用。理想型人格是一种“类”概念，虽然在普遍性上含有上述的规定性特征，符合一定范畴内的价值原则和道德标准的才属于理想型人格，但从更为具体的天性禀赋以及后天所受教育等综合因素而论，理想型人格不是具体指某种单一的人格，在不同的时代境域下，不同的文化背景下，理想型人格有不同的文化符号和代称。

树立坚定的文化自信，是向理想型人格成长最坚实、厚重的信念与精神支柱，文化自信提供了源源不竭的内生动力。源远流长的中华文化是古时候最好的教育介质，通过经史著作等学术经典，启发人立志向“君子”、“士大夫”、“圣人”等理想型人格成长，树立远大的抱负和崇高的理想，在人格不

---

① 李文丽，孙峰．“慎独”思想与道德人格主体性的培养［J］．中国德育，2018（12）：11—14.

② 潘欣羽，侯玉波．君子型人格与领导绩效的关系：带调节的中介模型［J］．第二十二届全国心理学学术会议摘要集中国心理学会会议论文集，2019（10）．

断自我完善的过程中达到“立德树人”的目的。在新民主主义革命时期，由中国共产党人和中国人民共同缔造的革命文化，深刻地改变与重新塑造了中华民族。革命文化的形成与新民主主义革命的开展是个相互促进的过程，在革命文化的引导和教育下，中国人民无不以光荣的共产党员、伟大的共产主义战士为心目中的理想型人格，以共产党员的标准严格要求自身，立志成为一名光荣的共产党员，并在这个人格塑造的过程中树立起伟大的理想信念、锻造出伟大的革命精神。在社会主义的建设与改革时期，焕发于新的伟大实践中的社会主义先进文化，在生活中无处不传达和渲染着先进的思想活力，用中华民族伟大复兴的中国梦和共产主义远大理想将中国人民强力地凝聚在一起，在新时代再度塑造了中华民族新的精神面貌。优秀传统文化、革命文化、社会主义先进文化中所寄寓的精神立意和文化理想具有本质相通的血脉渊源，文化中所承载的精神重量和使命担当，深刻感染和启示着当代青年。树立坚定的文化自信，本质上是对中华民族文化中所承载的理想、信念、使命的自信，这份自信的精神力量引导与塑造着新一代青年，以一名合格的新时代中国共产党党员、合格的社会主义接班人和建设者的身份要求与完善着自己，坚定的文化自信是向理想型人格成长的自主意识生成的最根本保障和力量来源。

第五章　以文化人视域下高校立德树人的价值追求

立德树人是关乎“培养什么人、怎样培养人、为谁培养人”的教育根本问题，中国特色社会主义的高校是研究并实践的前沿阵地。实现立德树人根本任务不仅包含着提升道德和思想素质的要求，其更深远的意义在于通过对人的培养和塑造，实现对中国特色社会主义事业的生命延续，实现中华文明的振兴辉煌。立德树人蕴含着政治性、文化性、民族性、历史性、文明性的积极实践意义，在落实立德树人教育根本任务的过程中，同时也不断启示和引导着我们思索，立德树人是要在何种层面上树人，以及塑造成什么样意义的“人”。在基于对“树人”的价值追求明确认识的基础上，应怎样培养这样的“人”，以使之成为能担负中华民族伟大复兴重任的新时代中国人。学者孙迎光指出，德育不像自然科学一样是关于事实的科学，而是规范科学。[①] 也就是说，德育是涉及价值规范的科学，德育过程中价值关系处于主导地位，在德育过程中谈论“应当”有其存在的合理性。同理，落实“立德树人”教育根本任务也是一个涉及价值规范性的实践问题，厘清其中的“价值关系”是实践必然的前提需要。

毛泽东将任务和完成任务的方法比喻为过河和桥或船的关系，他指出：“我们不但要提出任务，而且要解决完成任务的方法问题。我们的任务是过河，但没有桥或没有船就不能过。”[②] 在毛泽东的比喻中，虽然强调的是方法的重要性。但同时也昭示了我们，目标设定和解决问题方法的对立统一性，没有任务的提出，没有为解决问题作出正确的目标设定，也就没有相应解决问题方法的形成。高校落实“立德树人”根本任务也是如此，如果把

---

① 孙迎光，孙菲．诗意德育［M］．上海：上海三联书店，2017：18.

② 毛泽东．毛泽东选集（第1卷）［M］．北京：人民出版社，1991：139.

"培养什么人、怎样培养人、为谁培养人"视作一个系统的问题集，那么要应答如何实现立德树人的教育根本之问，则首先要理清"培养什么人"和"为谁培养人"的子问题，从而在明确具体价值目标和价值规范的基础上，为"怎样培养人"的问题提出合理的解决方案和构建正确的实践路径，这也是实现立德树人教育根本任务所需要遵循的内在实践逻辑。综合而论，塑造文化意义的中国人充分地应答了立德树人要"培养什么人"、"为谁培养人"的问题。文化意义上的中国人不仅意味着从世俗意义上认同中国人肉体生命的存在，更是从理想信仰、精神世界、文化底蕴、使命责任的层面认同作为中国人的价值意义所在，从精神上塑造了作为中国人的生命存在。

一、立德树人与中国特色社会主义文化的内在联系

"人才的成长依托于特定的文化环境或人文生态，而特定的文化环境或人文生态对于人才的文化特质的形成具有至关重要的影响。"① 合格的社会主义接班人和建设者的培养不是无源之水、无根之木，只有依托于中国特色社会主义的文化环境，从中华文明的人文生态中汲取养分，才能"立德树人"，养成中国人所独有的文化性格、文化心理及文化气质，培养出有"大德"的时代新人。中国特色社会主义高校在新时代要推动教育的发展、通过教育以实现"立德树人"，与优秀文化的弘扬和先进文化的建设是不可剥离的一体关系。如何依托文化以化人？充分阐释中国特色社会主义文化的价值内核，以伟大的中华人文精神感召育人，培养青年对中华文化积极求索、钻研的兴趣和动力，才能使青年产生切身的受益感，实现人生观、价值观、道德观的不断重塑和逐渐升华。而这个过程同时也推动了中国特色社会主义文化的进一步建设和发展，创造出更优质的文化环境，从根本上为实现"立德树人"创造条件与环境。

（一）"德"是中国特色社会主义文化价值内核的体现

党中央提出的"立德树人"的教育根本任务，是引导青少年养成良好道德品质、树立正确价值观的教育培养战略任务。实现"立德树人"不仅需要来自外在的教育灌输，其最根本的目的是要培养受教育对象树立内在的道德

---

① 杨柳新．发展的逻辑 通向人才大国之道［M］．北京：学习出版社，2015：17.

主体性和自觉性。这种道德的主体和自觉意识不是空泛和抽象的，有其特殊的价值导向和特定的价值规范。而这种导向和规范的形成有其现实基础，中华民族的历史人文和中国特色社会主义的国情是其形成的重要根源。因此，党中央提出的“立德树人”教育根本任务，其在价值观塑造方向上，具有与中国特色社会主义的国情、文化相适应的内在要求。“立德树人”所树立的是具有中国特色社会主义文化特质的“德”，是与中国特色社会主义文化所承载的优秀价值内核相适应的“德”，其最终目的是树立青少年自立、自信、自强、自觉的道德主体性人格。

如何理解具有中国特色社会主义文化特质的“德”？在此之前，必须首先正确理解中国特色社会主义文化具有怎样的内在属性，彰显怎样的精神特质？习近平总书记曾这样阐述既具有深厚底蕴又极具生机活力的中国特色社会主义文化：“中国特色社会主义文化，源自中华民族五千多年文明历史所孕育的中华优秀传统文化，熔铸于党领导人民在革命、建设、改革中创造的革命文化和社会主义先进文化，植根于中国特色社会主义伟大实践。”[①]“立德树人”所追求的道德境界，并非西方普适意义上的“道德”，而是“彰显着中华民族独有的精神符号、蕴含着更深层精神积淀”的“大德”。这种“大德”充分反映了中国人内里的精神世界和人文理想，其不仅继承了传统文化中的优秀的品格、气度、风范，更是对红色革命文化中伟大革命精神和坚定理想信念的一脉相承，并且在新的时代发展过程中，融汇了社会主义先进文化的价值要求，具有继往开来、包容开明、追求先进、面向世界、面向未来的思想特征。

（二）对中国特色社会主义文化的价值认同是立德树人实现的基础

“立德树人”是充分彰显中国特色社会主义文化特色的教育理念，其所追求的价值目标既蕴含着深刻的文化内涵，也包含着深切的人文关怀。从教师角度而言，一个教师如果仅通过唯理性的形而上逻辑思索并学习何为“立德树人”，则只能从概念上形成对“立德树人”本质、内涵与外延的理解。但仅具有这样的理解是不够的，难以触发帮助学生立德与成才的使命与责任感，也难以真正深入体会“立德树人”所蕴含的教育精神，及其对中华民族

---

① 习近平．决胜全面建成小康社会 夺取新时代中国特色社会主义伟大胜利——在中国共产党第十九次全国代表大会上的报告［M］．北京：人民出版社，2017：41.

教育事业发展、对中华民族伟大复兴的重要意义。缺失对“立德树人”基本的情感共鸣和根本的价值认可，自然在教学实践中就不能真正取得“立德树人”的效果。从学生角度而言，一个学生如果仅在观点上被强制灌输要“立德树人”，作为一种行为规范来强制被要求，则学生必然会产生对“立德树人”的曲解和简单化理解，无法体会到“立德树人”所蕴含的深刻哲理，不能真正从生活审美、自身成长和发展需要等角度认识“立德树人”对自身的重要意义，更无法从“立德树人”的价值目标中收获思想启示，树立人生信仰。因此，自然难以树立立志成人的自觉性，不能体现“立德”、“立志”的被教育效果。

要使教育真正成为能够“立德树人”的教育，其首要前提是教师和学生都具有“立德树人”的意识，即能够充分、全面地认识“立德树人”内在的应有之义，通过正确理解何为“立德树人”、具有对如何“立德树人”明确和具体的目标，从而形成对“立德树人”价值理念的普遍认可和内化于心，并在教育的过程中表现出教师怀有“立德树人”的使命与信念，学生则拥有对自身“立德树人”的目标和信心。“立德”与“树人”的价值理念源于中华民族的优秀传统文化，并深刻地影响着中华民族的教育观与道德观。“立德树人”的概念孕育于中国特色社会主义的人文土壤，其内在的价值追求与中国特色社会主义文化所承载的优秀价值内核深度契合。因此，要形成对“立德树人”丰富和具体的认识，根本在于形成对中国特色社会主义文化的高度自觉和认同。而丰富对“立德树人”的认识，深化认识何为“立德”，如何“树人”，需要从历史故事、民俗风情、经典著作、先进事迹等文化载体中不断汲取养分。教师和学生只有深刻认识中华民族“德性”的文明特征，充分认识中国特色社会主义文化“崇德务本”的思想光辉，并基于生活实践的不断检验，才能对“立德树人”的教育理念引发深度的思想共鸣和价值认可，并生成以“立德树人”为目标的实践自觉性，做到真正的知行合一。

（三）实现立德树人需要依托于中国特色社会主义的文化土壤

人类社会发展至今，虽然不同民族所形成的道德观具有一定普适意义的价值共性，但基于国情、历史、文化的不同，不同民族对内在德行的追求又体现了其独特的文化精神。“立德树人”是新时代中国特色社会主义最根本、核心的教育追求，不同于简单意义上的道德观教育，“立德树人”内含着中华民族自觉、自信、自立、自省、自强的文化精神，充分彰显了中国特色社会主义接班人应有的先进价值追求和中华民族独特的人文精神。“立德树人”同时也是一个具有“以文化人”性质的教育过程，要实现教育的“立德树人”，就不能缺位教育过程中的文化育人。只有充分感受到中华文化独特的价值魅力，在文化的感召和吸引下，不断丰富内在的精神世界，才能产生不断自我完善的精神动力，发生“立德树人”的自觉转变。而植根于中国特色社会主义的文化土壤，依托于中国特色社会主义独特的文化教育环境，以各种有形的物质文化和无形的精神文化为教育载体，是实现“立德树人”教育培养的必然需要。

从外因而论，个体在成长过程中是否可以“立德”、“成才”，不仅是学校、家庭教育直接影响产生的结果，更是宏观视域下，社会环境、信息媒体等综合因素渗透影响形成的最终合力。从内因而论，个体的“立德树人”既是内在道德主体意识的觉醒过程，也是文化人格的培养过程，需要以优秀的精神文化为汲养，促进认识能力的不断提升，最终使新世界观和价值观体系形成。综合内外因素可知，人的立德和成才既不是依靠外在环境不以人意志为转移的影响力来实现，但也不是纯粹主观意识直接主导的结果。而是在特定的社会文化环境中，被具有目的性、方向性、立场性地教育引导，从而与外在的文化环境不断交融互汇，主观世界被改造同时，对外在文化环境中的文化元素也不断批判性、选择性、优化性接受，将文化承载的优秀价值观不断内化于主体意识中，最终形成具有中国特色社会主义文化特质的文化人格，达到“立德树人”的目的。更具体而言，“立德树人”需要培养的是具有社会主义公德的人，是继承了中华民族伟大民族精神、具有思想活力的新时代人才，只有在特定的国家、民族、历史、时代环境下，才具备有计划、有目的实现“立德树人”教育目标的成熟条件。因此，只有在新时代背景下，在中华民族伟大复兴的历史境域下，在中国特色社会主义的独特人文环境中，才能使“立德树人”成为可能。

综上所述，“立德树人”从其对人才培养的目标设定，到实现“立德树人”对文化环境、文化资源的客观需要，无一不体现了“立德树人”是与文化研究、文化弘扬、文化教育、文化建设相辅相成的教育命题，“立德树人”与中国特色社会主义文化具有不可分割的一体性。每一项研究的开展，必然需要一个能够切入问题的研究视角，以使研究达到应有的深度。以“立德树人”的文化属性为切入点，从“以文化人”的研究视角，深入到对其价值规范、现实困境、实践路径的研究中。对“立德树人”开展的研究，自进入到明晰其内涵的第一步，对其正本清源，就不能脱离中国文化的视野看问题。对“立德树人”的认识需要从人与文化的辩证关系出发，只有认识到人在文化的生活中才能实现“立德树人”，或者说“立德树人”是在文化生活中所培养的人生态度，才能使研究者把握问题的实质。用“以文化人”的视域研究高校如何“立德树人”，是更为准确地把握这项时代性灵魂工程的实质，也能做出更有利于实践的理论研究，提出具有建树性的实践指导意见。

二、立何德：植根于文化的立德要求

“立德”的根本在于立“精神”、强“精神”，“铸魂”是“立德”的本质体现。而要实现对人精神的根本塑造，必然需要从中国特色社会主义文化中汲取化人、育人的力量。优秀传统文化是孕育精神文明的源头，红色革命文化是铸就理想信念的根基，社会主义先进文化是解放思想、开拓创新的活力之泉，植根于中国特色社会主义的文化沃土，方能铸魂育人，树立与中国的国情、文化、世情、舆情相适应的“德”。

（一）明大德为本：传承理想与信念的精神基因

1. 天下兴亡为己任的使命荣辱感是中国人的立身之基

习近平总书记指出：“爱国主义是中华民族精神的核心。爱国主义精神深深植根于中华民族心中，是中华民族的精神基因。”① 爱国主义是中华民族优良的精神和道德传统，在中华民族的历史长河中有着深厚的文化积淀和思想根基。爱国主义精神在中国人民的价值评判标准中占据着核心的价值地位，是个体具有公德和大德的重要体现，从古至今无数的仁人志士无不以爱国为自身的首要价值原则，在爱国主义精神的鼓舞和引领下，充分实现自身的人生价值。在新时代贯彻实现立德树人的教育根本任务，必然需要培养新时代青年形成以爱国主义为核心的优秀精神，并以此为根本，引导青年延伸形成一系列其他优秀的品质。

中华民族是有着悠久历史的文明古国，国家的统一、强盛、和平、繁荣

---

① 习近平．大力弘扬伟大爱国主义精神 为实现中国梦提供精神支柱［N］．人民日报，2015－12－31（1）．

在中华民族有着长久深远的历史记忆。在历史兴衰的交替中，中国人民更加意识到国家统一兴盛、和谐稳定的重要性，国家的强盛安稳不仅是历史上每个政权的立身之基，更是中华民族每个儿女对国家的殷切期盼。也正是基于这样的历史记忆和已融入文化基因的价值追求，当国家和平稳定时，中华儿女以捍卫国家的稳定、进一步创造和平稳定富足的大好局面为责任义务，而国家有困难时，中华儿女以振兴国家、保卫家园为自己不可推卸的责任与义务。在中国文化中，国家的安危荣辱与每个人有不可分离的关系，“天下兴亡，匹夫有责”的价值理念深刻嵌入中国人的精神世界中，指导着中国人的行为抉择和践行。宋代范仲淹“先天下之忧而忧，后天下之乐而乐”的忧国忧民精神是这种价值情怀的充分体现，近代周恩来总理“为中华之崛起而读书”也充分体现了这种伟大的志气和抱负，在这种文化情怀的影响下，中国历史中孕育了无数以天下兴亡为己任的仁人志士，积极地改造世界和创造历史，推动中华民族的进步与发展。为民族之振兴而尽责尽力成为构成中国人精神生活中的重要内容，是被社会整体高度肯定的价值共识，中华民族的优秀传统文化承载着这种优秀的精神理念，随着时代发展，这种价值观和精神不但没有式微，而且越发成为中国人心中深沉厚重的精神力量。

对国家民族繁荣兴盛的深切渴望以及为国家振兴而积极行动，不仅是中华民族优秀的历史文化传统，更是普遍且深入人心地反映在新时代中国人民的社会生活和精神世界中。“中华民族伟大复兴的中国梦”的提法，准确且深刻地表达了所有中国人民内心深处的渴望与呼唤，是新时代中华民族最具吸引力、深得人心的行动指南。习近平总书记指出：“我们前所未有地接近实现中华民族伟大复兴的目标。”[①] 在新时代的今天，中华民族对于国家繁荣富强的殷切期盼、对实现中国梦的赤诚和热情，胜过历史上任何一个时期。自鸦片战争开始，中华民族遭受了前所未有的侵略与屈辱，一系列不平等条约昭示了帝国主义列强对中国军事、政治、经济、文化全方位的侵略和打击。到抗日战争时期，日本帝国主义在中国犯下了不可饶恕的罪行。中国人民在一系列的侵略和打击中，深刻地总结出了“落后就要挨打”的经验教训，只有实现国家民族的强大振兴，才能真正享有尊重与和平，只有中华民族的伟大复兴，才能为全体中国人民带来幸福生活。中华民族在中国共产党的领导下，消灭了反动的敌人，建立起了新中国，并在不断的建设与改革

① 习近平．习近平谈治国理政：第三卷［M］．北京：外文出版社，2020：401.

中，逐步实现国家的富强与振兴。在新时代的今天，每个中国人民都通过总结历史的经验教训，以及基于发展和提高人民幸福指数的现实需要，深刻地体会到了中华民族伟大复兴的对于中华民族每个人的伟大意义所在，以民族振兴崛起为己任的责任情怀愈发热烈、深沉和自觉地根植在每个中国人的心中，成为中国人精神世界不可分离的部分。

2. 传承理想薪火的信念已深刻融入中国人的文化基因

所谓“文化基因”，一般被定义为文化中长期存在的文化特性，它不仅决定了一个共同体成员对自身身份的认同，而且决定了共同体成员基于文化形成的社会人文氛围和信仰追求，文化基因是文化中可以长期稳定存在并被共同体成员深度认同和吸收融汇的思想元素。在中华民族的文明发展历程中，革命文化的形成及在中国的发扬光大，绝非偶然因素。在新民主主义革命时期，旧中国的社会环境是孕育革命文化的土壤，在实践马克思主义中国化的革命道路过程中，伟大的中国人民创造了革命文化，革命文化在传播和发展过程中，不断推动和促进着中国人民思想的进步和认识的提升。革命文化在中华大地的普遍传播和开花结果，积极且深刻地影响着中国人民的精神世界，重塑了中国人的精神面貌，使中华民族焕发出科学、先进、文明、进取的思想活力，并形成了对马克思主义的坚定信仰，树立了对实现共产主义远大理想的伟大信念。革命文化不仅是对中华民族所历经的历史道路和所作出历史选择最好的历史记录，革命文化更是承载着中国人民伟大革命精神和革命理想、充分描绘了马克思主义中国化革命道路的实践内容，是构成当代中国特色社会主义文化核心的重要内容。革命文化中所承载的精神和思想元素，重塑了中华民族的精神气质，成为中华民族永远的精神财富，是支撑中华民族发展、推动中华民族进步取之不竭的精神力量。在新时代继承和发扬革命精神，已成为中国人民自觉的精神追求，实现共产主义最高理想的奋斗目标，成为指引中国特色社会主义道路发展方向的重要参照指针。传承革命的理想薪火，树立伟大的理想信念，已深刻融入中华民族的文化基因中，成为构成中国人精神世界、影响价值立场形成的重要元素。

虽然马克思主义最初不是发源自中国，但传入中国以后，无疑与中国的新民主主义革命、社会主义建设以及文化建设的一系列伟大实践产生了深度的有机结合。中国人民选择了马克思主义作为救亡图存的指导思想，从外在因素看是基于革命斗争现实的实践需要，从更深层的内在因素看，是基于中国的国情与马克思主义的深度契合。国情是一个国家社会政治状况、经济状况、文化状况、社会状况的综合反映，国情不仅是某个阶段目前的国家状况的反映，同时也包含了对国家已有历史积淀、文明成果的反映，以及基于过去与当下，未来可能发展方向的反映。在旧社会，要实现中国的富强，突破思想认识的局限性，马克思主义无疑是促使思想觉醒的一剂思想良药。与此同时，中国所提供的实践的环境土壤以及中华民族所具有的内在潜力，都决定了马克思主义在中国的传播必然将开花结果，在马克思主义中国化道路的实践中使理论得到进一步的发展，焕发出新的生机活力。在旧时代的中国虽然有着积贫积弱的发展状况，但却有着中华民族历史积淀的深厚文化底蕴。历代创造积累的得天独厚的优秀思想文化资源，使中华民族内在有着强健的精神韧性，以及文化所熏陶形成的优良道德传统，这使中华民族内里积淀着厚积薄发的发展后劲，骨子里蕴藏着革命以改造世界的积极精神动力，以及为理想信仰而践行奋斗、坚守伟大信念而矢志不渝的内在精神。从中华民族自身的文化及所信奉认可的价值观来看，马克思主义与中华民族精神层面的追求有着多方面的同一性和契合性，都有着以人为本的内在价值追求，致力于实现人的幸福、公平、全方面发展，创造社会的正义、富足、文明的环境。这些因素都促使了中国人民从价值立场上亲近马克思主义的学说，也使马克思主义与中国的文化水土相适应，最终使马克思主义与中国革命、改革的实践发展道路发生深度的有机结合，也将马克思主义的信仰和对共产主义的理想信念深度契入到中国人的文化基因中，成为中华民族最高的文化理想和不懈的追求目标。

（二）守公德为要：培养正直与崇德的精神操守

1. 培育讲正气、尚正道的社会风气

“浩然正气”的概念最早源自中国古代儒家学者孟子的学说，孟子通过“浩然之气”概念的提出，赋予了人的道德更生动丰富的内涵，对理想人格的气节与特质进行了更诗意的强调和阐发。[①] 理清何为“浩然正气”，以及为什么要养“浩然正气”，认识“浩然正气”和中华文明之间不可分割的内在关系，对于做好一个堂堂正正的中国人具有非同寻常的重要意义。“浩然之气”的提出以古代气学理论为基础，通过阐释何为“浩然之气”，阐明了培养正气对于生命的重要意义，通过阐释如何涵养“浩然之气”，阐明了理

① 刘亚琼．孟子“浩然之气”说探原［J］．管子学刊，2015（1）：18－22.

想型人格的养成及其应有的特质与风范，从写意的意象和具体的道理阐释结合的角度论述了人格养成的方向和意义，对后世中华民族人文精神的形成产生了积极深远的影响。孟子所提出的养“浩然正气”的观点，如果从其本身的定义和观点而言，具有一定的历史局限性，在后世并不具备充分的人文影响力和教育意义。但“浩然正气”所彰显的充满积极意义的精神意象，对后世的中国人产生了深远的启示与影响，为人格成长提供了无穷的精神力量和极佳的精神模板。“浩然正气”为中国人理想人格的塑造指引了一个充满张力、活力与正气的方向，并不断吸引着古往今来的中国人民从这种人文精神中吸收力量以塑造自身的人格，并积极践行涵养“浩然正气”的人文理想，从而不仅使自身成长为中华民族前进道路的中流砥柱，而且通过自身的践行充分地弘扬了“正气”的风范，将“正气”熔铸入中华民族的人文土壤中，使“浩然正气”成为中国人独特的精神标识。

在中华民族的历史发展过程中，“浩然正气”已逐渐成为中华文化中一个极具吸引力与感召力的精神文化标识，广泛且深刻地植入到中国人的精神世界，引导与塑造着中国人的品性与精神。“浩然正气”不是作为一个虚无抽象的事物而存在，从现实中其内在的价值意蕴而言，是可以通过实践加以把握的事物。从其内在的价值意蕴而言，养“浩然正气”意味着养成良好的正义感和是非观，是在经纶世务的具体践行过程中坚持原则、捍卫道义的表现。“浩然正气”最初仅能从孟子的学说著作中探知其概念，孟子抽象且诗意地将其意象形容为：“难言也，其为气也，至大至刚；以直养而无害，则塞于天地之间。”并进一步释义道：“其为气也，配义与道；无是，馁也。是集义所生者，非义袭而取之也。”随着实践的发展，中华民族历史上无数仁人志士通过自身的践行充分阐释了何为威武不屈的“浩然正气”，“浩然正气”从最初只能以抽象的哲学概念认识，逐渐发展为可以从无数具体鲜活生动的人与事中去感知和认识。苏武的持节啮雪餐毡牧羝海上一十九年，阐释了坚守民族气节的“浩然正气”。诸葛亮的鞠躬尽瘁死而后已，阐释了为国家尽忠职守的“浩然正气”。岳飞的精忠报国，阐释了“苟利国家生死以”、知难而上抵御外侮的“浩然正气”。文天祥的“留取丹心照汗青”，阐释了爱国爱民的“浩然正气”。从中国古代历史而言，“浩然正气”是爱国、孝顺、忠诚、仁义、亲民、正直价值观的集中体现。人通过在生活中对体现这些价值观具体行为的见知，从而产生积极的印象，形成“浩然正气”的精神意象和感受，并引发深刻的价值认同和情感共鸣。

从今天的意义而言，中华民族的“浩然正气”不仅代表着传统文化中具有积极正面意义的价值观，更在中华民族的革命和改革建设的实践中，进一步地丰富了“浩然正气”的价值内涵。在近代，“为有牺牲多壮志，敢教日月换新天”的中华民族革命与建设的实践进一步升华了中华民族的“浩然正气”，使其作为一种更强大、更具有先进科学意义的精神力量被纳入中华民族的精神族谱中。中华民族的“浩然正气”不仅体现于传统文化中一系列优秀的价值观，还体现在伟大的革命精神中，为救国救民、消灭三座大山而上下求索的一片赤忱中，更体现于社会主义建设过程中一系列科学的理论观点与伟大目标中。实现中华民族伟大复兴的中国梦，与实现共产主义远大理想的信念，充分体现了新时代中国人的一身正气，体现了中国人的“浩然正气”不仅在历史发展过程中不断进行传承，而且在历史实践过程中不断升华，深刻融入中华民族的人文精神中，中华民族的一系列精神充分体现了“浩然正气”的气概与价值立意。中华民族的人文精神不仅于小节私德中体现对正念的坚守，更于国家大事、发展道路、信仰理想的大义公德中充分体现一股正气，即孟子所谓充塞天地的“浩然正气”，并具有强烈的感召力和吸引力。这不仅是一种精神境界的体现，更是在中国人人格成长过程中发挥着强有力的精神引领作用。

中华文明是有着深厚“人学”文化底蕴的伟大文明，“以人为本”的价值原则贯穿着中华文明的核心，是中国人实践和生活的重要指导原则和依据。基于“人本性”的价值观与世界观根基，中华民族有着热爱生活、尊重人的生命体验、重视人的精神塑造培养的文明特征，在此基础上中华民族形成了崇德务本的优良文化传统，通过道德的建设与教育，使道德的力量能够服务于人和社会，以道德的教化与感化力量使社会形成自觉的合理秩序，使人享受生命的善美和谐，从而达到天下大治的目的，实现人生活的幸福与内心安宁的统一。中华民族“以人为本”的根本价值原则在历史和文化中具体体现于，以关爱个体的生命和健康为“以人为本”的基石，以培养个体的智识、能力、道德为实现“以人为本”的桥梁，维护个体的尊严与塑造个体的精神为“以人为本”的更高追求，以实现社会整体的善美和谐、每个人的肉体与精神统一的和谐为最高目的。基于在历史实践中始终坚持“以人为本”的价值原则，中华文明所衍生形成的一系列价值思想观，使中华文明充满了“仁人爱物”、“天人合一”的和谐美与道德光辉，使中华民族发展成一个明大德、热爱和平、具有共生和谐意识的智慧民族。中华文明鲜明的德性特征充分体现了中华民族对生命的积极态度、对生活真善美的价值审美、对人与自然和谐关系的向往，这些富有张力的思想元素使中国人养成了独特而优秀的人文精神，积极而向善的文化性格，使中华文明富有强大的生命力和凝聚力，这也是当代实现立德树人必然需要继承与发扬的宝贵思想财富，当代高校教育必然需要继承与发展的中华文明根脉，通过充分继承前人创造的精神文明成果，以推动新时代人的德智体美劳全面发展。

2. 引导“明德”、“崇德”、“重人本”的社会价值导向

中华民族有着明明德的道德自觉的优良传统，明明德建立在重人本的价值原则基础上。“明明德”的概念源自《礼记·大学》，原文为“大学之道，在明明德，在亲民，在止于至善。”“明明德”有把美好纯明的道德发扬光大的价值意蕴[①]，是中华民族对自觉而澄明道德境界追求的真实写照，也是中华民族德性文明特征的总体性概述。明明德与亲民是一体同源的统一论述，虽然以朱熹为代表的理学学派将亲民注解为“新民”，意为每日新、日日新地追求自我的完善和进步，以王阳明为代表的心学学派将亲民译为亲近人民，通过在与人的交往中格物致知，在与人相处的仁爱中致良知。但这二者的理解，都建立在“明明德”作用的主体为人，对德性的理解、探索乃至实践建立在以人为本的基础上，重人本的德性修养是收获世间真正大学问乃至明理的根本与基础。中华民族重人本和德性的文明特质并非因为从经典著作中的学习而产生，但《礼记·大学》的经典论述是对中华文明最根本的价值追求、本质的文明特征的总结性概述，并将其进一步提炼为对人道德修养的具体要求，以指导人充分继承中华人文精神的核心要义、并进一步使这种文化主张产生更深远积极的教化影响力。

中华文化中充满人文关怀的道德观与世界观深刻地影响着中华民族的发展方向，中华民族所创造的辉煌文明建立在以人为本的实践动机和历史逻辑之上，重人本的价值观体系构成了中华文明的主要枝干，为中华民族共同体的凝聚与发展提供了强有力的价值认同和精神支撑，并且积极且深刻地影响着中华民族共同体中每个个体人生道路的选择和人格的成长与塑造。随着历史的进步与发展，明明德且重人本的优良人文精神在中华民族得到了进一步的继承与弘扬，社会不断发展的生产力和生产关系使这种精神坚守愈发具有成熟的实践土壤。在新时代的今天，明明德已在广义上代表了一种对道德理

---

① 中国哲学大辞典［M］. 北京：中国社会科学出版社，1994：805.

想境界的追求，明明德不仅意味着明德、明理，做一个从认知上明道德机理、并具有道德意识的人，更意味着不局限于当前仅在头脑中的认识，而是通过生活实践检验对道德的认识，并在实践中不断完善对自我和世界关系的认识。“明明德”没有具体的价值追求的目标终点，也没有其相应的具体价值规范，但却是道德修养和人格养成道路和方式的体现，是人生态度和生活方法思维的体现。而正是“明明德”的自我修养和精神追求，决定了“明明德”所要明晰和验证的，是人和人之间的合理关系、人与社会的合理关系、人与文化的和谐关系以及人与自然的和谐关系，而这根本目的在于探究利他和利我统一的和谐且动态平衡的共生关系。“明明德”不是空泛的价值评判或者价值要求，而是建立在现实的人和物基础上，其根本在于能够尊重和保证人的人本性，以实现利我和利他的统一为目的。这种人本性的保障，体现于对他我身体健康的保障、对他我精神需要的满足、对他我人格尊严的维护、对他我全面发展的促进。

而也正是基于中华民族“明明德”且重人本的文化传统，以及广义上其所内含的实践逻辑，促使了中华民族融合吸收外来文化和理论的有的放矢。中华文化与马克思主义的结合，不仅是历史实践的需要，更基于中华文明“明明德”且重人本的价值原则。马克思主义与中国革命的结合，是真正理清旧民主主义革命过程中中国社会各阶级关系，并破旧立新，构建合理化社会关系、实现人民当家作主的理论武器。马克思科学社会主义的世界观和方法论是建设中国特色社会主义的重要理论依据，当今繁荣和谐的社会环境形成，是马克思主义结合中国具体的人文土壤所孕育的建设成果。而马克思主义与中国实际的结合，究其根本是对以人为本原则的坚持，在继承中国的历史文化、考虑中国当前的发展阶段、尊重人民的感受和考虑人民的生活便利基础上，进行循序渐进的改革、建设与发展，以人民的利益为最高宗旨。而这些生动又具体的现实实践不是作为一个抽象的整体而存在，而是无数先进的中国共产党党员和中国人民在历史实践中共同推动的发展进步。而这些中国特色社会主义伟大的实践，不仅融入中华民族的文明根脉中，更是对当代及未来的中国人民产生积极深刻的影响和教育，是构成中国人精神世界的重要内容。

（三）严私德为基：形成自强与向善的精神追求

1. 铸就自强不息、自尊自信的精神品格

中国辽阔的地理幅员和广袤丰盛的物产养育了中国人肉体意义的生命，

中华民族共同体的存在从身份归属上赋予了中国人族群意义的生命，中华民族的深厚文化底蕴则滋养了中国人精神文化意义的生命，中国人从肉体到精神的生命充分彰显出“天行健”般至刚至正、前行不息的积极意象。中华民族之所以能在历史长河中坚韧地将文明的火种传承与发扬，在于中国人从未在精神层面放弃作为一个文化意义的中国人而存在。中华民族的文化并非一个闭环、静止的系统合集，中华文化如溪水活流般，在历史发展过程中不断汇聚先进的新事物、外来的文化，在融会贯通的发展中，逐渐波澜壮阔。中华文化之所以能不失自身特色地包容兼蓄其他文化中的思想元素，而不是被其他文化所同化，关键在于中华文化的核心精神具有强大的凝聚力和向心力。中华文化的精神内核在价值立场上彰显着浩然正气的立意，在精神追求上彰显出自强不息的意象，以充满正气与朝气的积极立意吸引人从精神层面产生对中华文明的向往，并积极在精神层面以成为文化意义的中国人为追求。当代的中国特色社会主义文化是中华民族承前启后所形成的新时代文化，优秀传统文化、革命文化、社会主义先进文化是构成它的核心内容，虽然这三种文化形成的历史时期不同，但都反映了中华民族内在的精神世界，是中国人精神追求和价值原则的重要体现。优秀传统文化、革命文化、社会主义先进文化彰显了中国人人文精神的独特神韵与气魄，充分展现了中国人在价值观抉择上立身中正的浩然正气，并进一步折射出中国人通过思想与践行的立身中正，在精神上迸发出自信自强的蓬勃朝气。中华民族的文化充分展现出中国人在精神层面的希望与活力，中华民族文化中的正气与朝气，为“国家有力量，民族有希望，人民有信仰”[①] 的局面形成，奠定了重要的精神文化基础。新时代高校立德树人是充分体现民族性、文化性、人本性的德育工作，从立德树人内在的教育性质而言，在教育中必然要求传承与弘扬中华文明中的正气与朝气，帮助青年养成作为中国人独有的精神气质，充分体现中国特色社会主义教育独有的价值魅力。

中华民族是积淀着自强不息精神朝气的伟大民族，在历史发展过程中，中华民族以自强不息的奋斗精神不断合规律合目的地改造世界，创造了辉煌的文明和无数的成果。虽然中华民族在历史发展过程中遭遇过无数的挫折和磨难，但始终保持着锐意进取的精神朝气，是四大文明古国中唯一发展至今并仍保持着革新进取活力的国度。在新时代的今天，习近平总书记曾多次提

---

① 习近平．习近平谈治国理政：第二卷［M］．北京：外文出版社，2017：323.

到中华民族“自强不息”的精神特质，并专门强调其对于中华民族的生存发展所具有的非凡意义，并指出要在新时代充分继承与发扬这种内在的民族精神。2020年中国人民上下一心抗击疫情取得了举世瞩目的成绩，在全国抗击新冠疫情表彰大会上，习近平总书记更是强调：“天行健，君子以自强不息。一个民族之所以伟大，根本就在于在任何困难和风险面前都从来不放弃、不退缩、不止步，百折不挠为自己的前途命运而奋斗。”[①] 中华民族奋斗的历史轨迹，以及各种鲜活的事迹和人物都表明了，独立自主、自强不息的精神底气是作为一个完整的中国人必不可缺的精神元素，中国人的人文精神充分地彰显着自强自信、锐意进取的朝气活力和精神特征。在新时代实现立德树人，务必要求认识到中国人所具有的这种难能可贵的品质，并培养与继承这种支撑中华民族发展、进步的核心精神力量。

学者张岂之曾经指出，蕴含在中国传统文化中最核心的理念之一就是自强不息，它不仅是中华民族精神的内核，而且在中华民族发展史上具有不可替代性的重要作用。[②] 要深刻认识何为中华民族自强不息的精神，并以之为立德树人所要把握和培养的核心品质之一，则必然需要追溯“自强不息”在中国文化中内涵发展的脉络。“自强不息”最早追溯至《周易·乾卦·象传》中的“天行健，君子以自强不息。”[③] 用以阐释天道运行的规律与特征，形容宇宙对万物的生养化育，创造生命的生生不息。而《周易》所述不仅是天道，更有着推天道以明人事，从自然的规律中汲取积极的精神意象，以作为人类文明活动的精神参照。随着历史与实践的发展，自强不息在中华民族的历史实践中不断被赋予更丰富的内涵，从而成为在今天的文化中所被熟知的定义和用法。“自强不息”内涵的丰富并非通过穷经皓首的方式以实现，实践发展的需要与合目的改造世界的需要，使自强不息的精神深入人心，逐渐融入中华民族的血脉中。

中华民族的历史文化中，无处不是对自强不息精神的真实写照。例如，充分调动人民群众抗击自然灾害的大禹治水，通过疏通河道等人的能动的活动形式，使本来祸害人间的自然力量转变为利于农耕的水利。中华民族是重视人本性的民族，尤为重视在改造世界过程中发挥人的能动作用。而在改造

---

① 习近平．在全国抗击新冠肺炎疫情表彰大会上的讲话［M］．北京：人民出版社，2020：26.

② 张涛．《周易》“自强不息”的历代诠释［J］．西北大学学报（哲学社会科学版），2021（1）：44－53.

③ 阮元校刻，十三经注疏．周易正义［M］．北京：中华书局，1980：14.

世界的实践过程中，不断创新与改善方法，坚持正确道路与方向，始终践行到底，正是自强不息精神的本真体现。这也是中华民族在历史长河中通过抗击侵略者、发展生产、抗击自然灾害、防治瘟疫，等改善民生或战胜克服生死存亡问题的实践中，所形成的伟大精神，并深刻融入中华民族的人文水土中，成为一种根本的精神秉性。中华文化中的诗词歌赋、典籍经注中，间接或直接地反映与弘扬了这种精神，感染并鼓舞着后世的中国人，一如既往地发扬着这种精神，并形成蓬勃的朝气投入为人民谋幸福、为民族谋发展的历史活动中。在近代，自鸦片战争以后，旧中国所表现的积贫积弱与被动挨打，深深刺痛着每个中华儿女，激发着中国人图强救国的决心毅力。“自强不息”精神对于当时的中国人有着前所未有的重要意义，从“师夷长技以自强”的提出，再到通过一系列的探索，将马克思主义传入中国，中华民族的仁人志士不断践行着“自强不息”的精神。自近代以后，自强不息的精神在中国有着强大的群众基础。通过马克思主义中国化、大众化的传播，广大人民群众通过科学的思想武器武装头脑，激发了强烈的爱国、卫国、强国的动力与认识，并找到了科学的方法与理论以实现强国梦，从而从真正意义上激发了中华民族广大人民自强不息的信心与决心，使中国人彰显着蓬勃向上、自强自信的朝气与精神力量。

2. 养成乐生命之善美和谐的生活态度

中华文明是一个古老的农业文明，在长久的历史岁月中，农耕占据中华民族生产的主导地位。基于以农业为主导的生产方式，中华民族在与土地、气候、自然的相处过程中，形成了中华民族独有的自然观、哲学观、伦理观。这些从生产实践中所积累形成的对自然的认识，影响了中华民族对待生命的态度，积极引导并启示着中华民族对人与自然和谐关系的思考，以及追求使内心的主观世界与外在客观世界相协调的精神境界与心理状态，因而形成了“天人合一”、“与天地合其德，与日月合其明，与四时合其序”的思想境界与哲学思维。而这些思想观不是作为某种独立分散的观点而存在，是对天人和谐状态不同角度所进行的阐述。“天人合一”的哲学思维渗入到中华民族的政治、军事、建筑、经济、生产、医学等诸多领域中，发挥了智力支撑和方法启示的作用，在实践中形成了中华文明独有的智慧特色，其中蕴含的方法思维与观点，不仅适用于指导社会生产与认识事物运行规律，而且成为中华民族用以认知自我、塑造自我的重要借鉴思想。

中华民族从历史实践中总结出，现实中每个人的存在与活动并不是一个孤立的存在，任何人生命活动的轨迹，必然包含了与他人、自然界与人类社会的事物不断相互作用的过程。因此，人要实现自身的发展，必然需要遵循与人类社会中他者合作共赢的发展模式。而人实现自身的发展，所考虑的因素不仅包括社会关系中的人，更包括了无所不在、又日用而不知更为广阔的天与地，即在中国文化语境中的“自然”。自我的发展与自然、其他人的发展如果在生命整个过程中呈对抗的关系，则并非一种健康、合理的发展路径，并不能支撑彼此可持续的长远发展。中华文明所认可的发展观，是人和自然彼此相互促进、和谐共生的发展观，在人与自然和谐共生的基础上，支撑人类社会人与人之间的和谐相处。而也正是基于这样的文明观与发展观，中华民族形成了乐山爱水、与天地自然万物共情的价值审美与仁人爱物的品性修养。中华文明以善与美并重的价值审美品类万物，以和谐共生的善为对待生活的价值情怀，以欣赏生命欣欣向荣的美为对待生命的态度。

“天人合一”的思想观是中华民族对待自然、生命乃至自然界没有生命的物的积极态度和价值审美的体现，是构成中华民族文化性格和文化心理的重要部分。在“天人合一”思想的启迪下，中国人以自然万物养德、比德，使自身的人格塑造从自然的熏陶与美育中获取有益的思想元素，不断提升自身的精神境界。基于“天人合一”的价值审美，自然不再是纯粹的自然，自然是人化的自然，自然中的松竹梅兰菊莲都有其可贵的品质，都有与人类某种高尚道德品质相通的德性，人既能从自然万物中品类其价值立意中的“善”同时又兼具欣赏其美学上的“美”。在“天人合一”的审美中，道德的“善”给予人美的感官享受，而现实中具有感官上美的事物又激发人对道德中“善”的联想。在这种精神境界中，人类的人文与自然发生了美妙的融合，生命从生物意义的生命转化为人文意义的生命。人从对自然的人文审美中，激发对生活的乐观态度，对生命的真挚热爱，形成对人与人、人与自然、人与万物、人与文化和谐关系的充沛情感。这种精神境界是中华文明根脉中所蕴含的善美和谐的天人关系的智慧体现，也是中国人可贵的、不能丢弃的精神品质之一。

三、树何人：立足于国情的树人目标

习近平总书记指出：“我国有独特的历史、独特的文化、独特的国情，决定了我国必须走自己的高等教育发展道路，扎实办好中国特色社会主义高校。”[①] 中国特色社会主义教育事业的振兴，离不开对与国情相适应的教育道路的准确把握，而这种把握道路的认知力来自对中国文化的深刻理解，是基于文化而具有的对中国特色社会主义国情从表象到本质的深刻认知。中国教育事业的振兴，根本在于对中华民族优秀深厚的文化资源物尽其用，将文化中精神和思想的内核融入教育事业中，在教育中把握好中华民族最根本的精神命脉，在继往开来的精神传承中，实现中华民族的复兴和崛起。“立德树人”是基于中华民族历史文化、中国特色社会主义伟大实践而提出的教育根本任务，是坚持中国特色社会主义教育发展道路、把握社会主义办学方向的现实必然需要。实现“立德树人”的根本任务，无法从其他国家和民族的现代化教育发展历程中找到现成的答案和经验，必然需要基于中华民族的历史文化、中国特色社会主义的基本国情，总结出中国化的智慧与经验，形成中国式对“培养什么人”“树何人”问题的独到见解。

新时代“立德树人”的教育根本任务从其实质而言，其重点在于实现人精神的铸魂和价值的培根，促使人由精神和思想上自发的个人转变为自觉的世界历史性的人。自觉的世界历史性的人意味着，能够自觉认识自身价值实现、人生追求与宏观视域下国家、民族的历史任务和时代使命之间的有机联系，从而在当前历史发展阶段中，能够将自身的理想追求付诸实践，投入与历史发展趋势相合的进步的时代潮流中，尽其可能地实现人的发展与时代的发展的统一。中华民族伟大复兴和共产主义远大理想是中国人夙夕以求实现的伟大目标，实现目标的根本在于人，人的能动性因素是最大的推动和改造世界的力量，培育出无数具有先进思想和自觉认识的人参与到新时代中国特色社会主义的伟大实践中，是国家强盛、民族振兴最根本的保障。而肩负历史使命与实现理想的思想自觉意识的形成，不仅需要现实矛盾催生问题意识，以及在教育过程中先进的思想理论的指引，更需要从民族的文化中，探寻使命和理想的魂与根。从而真正认识到这种使命和追求不仅存在于当代的历史中，也不仅是只作用于某个阶段的历史范围，而是早已通过文化融入中华民族的精神世界和基因中，在一脉相承的精神谱系中，成为凝聚和塑造中国人生命历程的不可分割部分。

---

① 习近平．习近平谈治国理政：第二卷［M］．北京：外文出版社，2017：376.

(一)“德智体美劳”全面发展的人

习近平总书记在全国教育大会中指出，教育事业要“立足基本国情……以凝聚人心、完善人格、开发人力、培育人才、造福人民为工作目标，培养德智体美劳全面发展的社会主义建设者和接班人”。[①]大学是致力于人的高深学问、高明见识培养的高等教育机构，高深学问是对某个专业领域内一定范畴事物成体系的认识，高明见识则是对人类生活的世界本身较为全面的认识，并在此基础上形成健康的世界观和价值观。因此，从大学的文化意义和精神实质而论，大学设立的目的绝不是完成某种职业教育或技能培训，大学所要培养的是能够引领人类文明各领域实践发展的顶尖人才。大学所要弘扬的精神是于学问和知识上不懈探索真理、求真求知，于品行修养上，自省自立、仁人爱物。在不断追求先进和进步的过程中，在谋求有益于人类文明和人类解放的事业中，渐至澄明的道德自觉之境。

在以往的高校教育中，偏重“智育”而忽视了“德育”的教育导向屡见不鲜，其结果就是捡了芝麻丢了西瓜，失去了对“育人为本”的教育本真精神的根本把握。高校对“智育”的重视，体现在对“教学与学术相统一”原则的重视，体现在力图使大学成为“研究型”大学，产出更多直接的科研成果，从而体现出“大学”在高等学问研究上的专业性。而与之相应的负面效应就是，对学术研究上的急功近利乃至学术不端现象屡见不鲜。学术研究的驱动力成为为个人获取名利的途径，而非求真求知的执着，以及经世致用的情怀。在这种价值导向的驱动下，学术研究并不能担负起推动人类社会进步、推动人类文明发展的智力支撑和理论指导作用，以至于与“智育”的初衷产生逻辑悖论，最终背道而驰。而这也从侧面印证了，高校教育“德育”在育人过程中的根本性作用。若在教育过程中，不能把握好落实好学生的“德育”，则“智育”的果实也不能收获。学者刘建军为此指出：“学生的思想品德和政治素质，这是社会主义事业建设者和接班人的首要素质。如果缺少这一素质，那么其他方面素质的培养也就不能取得真正的成功，即使取得成功也不是我们所需要的人才。”[②] 而追溯“教学与学术相统一”原则的出

---

① 坚持中国特色社会主义教育发展道路 培养德智体美劳全面发展的社会主义建设者和接班人[N]. 光明日报，2018－9－11 (1).

② 刘建军．学习习近平总书记在学校思想政治理论课教师座谈会上的重要讲话精神笔谈 [J]. 社会主义核心价值观研究，2019 (2)：5－9.

处，其提出者是创办研究型大学柏林大学的德国威廉・冯・洪堡，其在提出学术性原则的同时，更是提出了“由科学而达至修养”的更深层教育原则。[①] 意在说明学术的智慧在根本上服务于道德和人性，拥有理性的思维是为了造就根本上德性的品质。这些例子都充分印证了“德育”与“智育”不可分割的内在关联，甚至也印证了“德育”与“智育”的体和用关系，如根茎与树枝和果实的关系，母体和衍生体的主次关系。

“德育”与“智育”间的关系虽有主客之分，但其更体现为相辅相成的相生关系。“德育”为“智育”提供了思想和精神上的驱动力，德育能使学生形成爱国爱民的价值立场和共产主义的信仰追求，从而使接受“智育”时怀着崇高的奋斗理想和高尚的思想动机，提高了学习知识“智育”的主观能动性。而“智育”则通过对具体事物的学习，在经纶事物的过程中，体会到隐藏在物与物关系中的人与人的社会关系，为“德育”提供了思辨的思维方法和辨识现实的真实素材。习近平总书记在提到“培养什么人、怎样培养人、为谁培养人”的问题时，指出高校立德树人是培养“德智体美劳”的全面发展人才。体育、美育、劳育从根本上来说，也从属于“德育”和“智育”的范畴。高校立德树人所要把握的两个重点方向即为“德育”和“智育”，立德树人所要塑造的人，是在德智兼备的基础上，进一步依据各人不同的天性禀赋以引导其个性发展。立德树人所塑造的对象既具有某个领域扎实的专业知识能力，在社会主义建设事业中能提供专业对口的技能知识支撑，同时也在对其他事物的认识上没有被专业领域的思维所局限，拥有良好的政治观、道德观、世界观。高校立德树人的实现要把握好“德育”与“智育”对立统一的辩证关系，要在育人过程中实现“德育”与“智育”的统筹兼顾，并以此为基础向“德智体美劳”全面发展的延伸。

（二）合格的社会主义接班人和建设者

中国特色社会主义高校教育的首要任务在于育人，中国特色社会主义高校的德育、通识教育、体育、美育、劳动教育以及专业知识技能的教育培养，其最终是服务于“育人”的根本目的。中国特色社会主义育人事业通过对人才全方位的教育，致力于培养有思想、有灵魂、有人格的社会主义接班人，对思想道德水平的提升、对政治立场和政治素养的教育培养是核心与根

---

① 王冀生．人文化成：对教育活动本义的再认识［J］．中国高等教育，2010（2）：34－36．

本。“立德树人”既是教育取得理想效果的最终呈现，也是以自由全面发展为导向教育观的体现。而要达到这种理想的育人效果，高校教育必然需要唤起青少年的正义感，培养青少年明辨是非的能力和全面的大局观，使青年真正成长为有思想、有担当、有抱负的合格的社会主义接班人。

习近平总书记曾特别强调：“中华民族伟大复兴，绝非敲锣打鼓可以轻松在短期内实现。”[①] 实现伟大复兴中国梦和共产主义远大理想需遵循历史发展的客观规律，只有在充分继承前人创造的物质文明和精神文明成果基础上，循序渐进地完成每个历史阶段必要的发展任务，逐步加强和完善社会主义的物质和文化建设，从而实现中国特色社会主义从初级阶段逐步向更高阶段过渡。人才的培养和储备是支撑中国特色社会主义事业长远可持续发展的重要保障，要使中国特色社会主义各项事业的发展后继有人，在历史发展过程中实现稳步前进，必然需要培养无数合格的社会主义接班人，以自觉肩负起建设社会主义的使命责任。培养青年一代成长为合格的社会主义接班人，根本在于培养青年形成国家的主人翁意识，使青年一代感受到作为社会主义接班人的使命感、责任感、荣誉感，使成长为社会主义接班人成为青年坚定自觉的自我要求和发自内心深处的真挚渴望。为中国特色社会主义培养合格的接班人是新时代高校教育最根本宏大的命题，这不仅在宏观上关系到中华民族整体未来的前途命运，同时也关系到每个中国人该以怎样的最高价值目标为人生道路的指引，应内怀怎样的精神信念以改造世界和面对生活。

高校立德树人的教育根本任务寄寓着为国家民族培养栋梁之材的希望，从表层意义而论，立德树人的目的在于培养青年养成良好的道德、健康积极的人格。从进一步的意义而论，立德树人的目的在于培养青年形成自觉的道德意识，能基于理性的思考准确地把握道德的原则，践行与弘扬真善美的道德和优秀的价值观。通过多个具有自觉道德意识的人，使社会形成良好的道德秩序、和谐友爱的氛围。从更深层的意义而论，立德树人最终目的在于使受教育对象从文化意义上确立自身人格成长的目标，基于对世界、历史、自我的认识，从古今、中外、主体客体横纵向的对比思考中，确立自身的理想与信仰，完成自身立德立志的成人过程，从而形成自身的处事原则和人格魅力，实现自我的个性发展和与国家民族共同体发展的统一。而从文化意义上确立自身人格成长的目标，并非指在目标设定上以理性的价值概念代替具体

① 习近平．习近平谈治国理政：第三卷［M］．北京：外文出版社，2020：225.

的人格形象。如果只以理性的价值概念来作为人格成长的参照，则将陷入思维的抽象。从文化意义上确立人格成长的目标，既是对感性认识的超越，也是理性层面思考的升华，是以具体的文化成像为载体，引发从价值意义的思考到真实情感的共鸣再到精神世界的融会贯通。具体的文化成像源自生活，基于民族共同体的历史记忆、社会生活，有其存在的现实土壤，文化意义的人格树立，并非指对这种人格形象与特征的全面模仿，而是基于对其价值意蕴参照，汲取其中承载的优秀世界观、价值观，融会形成自身的价值体系，并再次以其为信仰的载体，成为鞭策与督促鼓舞自身的对象，从精神享受和意志增强的统一中实现对人生理想和道路的贯彻。在新时代的今天，社会主义接班人的人格形象无疑是最具先进文化意义的人格成长目标，青年以社会主义接班人的身份作为参照目标，不断进行自我提升，充分诠释了新时代中国人的精气神。

在新时代的今天，高校实现立德树人最核心、最直接的意义在于为中国特色社会主义培养合格的社会主义接班人，新时代的中国青年要以社会主义接班人的先进文化形象屹立于世界的东方。不忘初心、牢记使命是作为中国人应有的理论自觉和使命担当，新时代中国青年肩负着将共产主义理想信仰的革命薪火传承下去的历史使命，同时也肩负着中华民族伟大复兴的时代重任。实现这两个伟大而神圣目标的使命荣誉感，贯穿了每个中国人的一生，为实现伟大理想而不断改造世界、完善自我的过程中，中国人的灵魂和品格得到了不断的洗礼与升华。

（三）坚定“四个自信”的时代新人

培养能够肩负民族复兴重任和继承共产主义的伟大理想的社会主义接班人，必然需要涵育青年的正气，树立自尊自信、自立自强的伟岸人格。中华民族伟大复兴建立在每个具体的人的自立自强基础上，使青年一代树立坚定的“四个自信”，成为一个顶天立地的中国人，是新时代教育的应有之义。充分继承与发扬中国人的浩然正气和自信自强的精神，是促进人全面发展的教育培养必不可缺的精神之钙。而继承与发扬中华民族的正气与朝气，并不意味着要在人格塑造和价值培育上“复古”，而是在吸收传统文化中优良思想文化元素基础上，在顺应历史发展的先进潮流的实践奋斗中，实事求是地树立正确的信念与科学的价值观，从而实现对正气的继承与自强精神的培养。在新时代培养青年树立坚定的“四个自信”是培育正气与朝气的必然的需要，在“四个自信”的培养过程中形成对中国特色社会主义伟大实践的深刻认识，掌握马克思主义的科学思想武器，形成对中华民族历史文化的系统认识，领略中华文明核心的价值要义，是精神风骨上的浩然正气和精神面貌上自信自强自觉形成的重要基础。树立坚定的“四个自信”对于新时代中国人实现自身的全面发展，实现自身人格的进一步完善塑造，将强大的精神力量转变为改造世界的物质力量，具有重要的价值意义。只有实现认识世界能力与改造世界能力的统一，才能焕发人格中的正气与朝气，使其有存在的精神和物质基础，并成为进一步促进个人能力和认识发展的力量。

道路自信、理论自信、制度自信、文化自信是在新时代提升中国人民价值共识、提高战略定力、汇聚行动力量的强大精神动力，而这种精神动力的形成是建立在中国特色社会主义宝贵的实践经验、科学的理论方法、深厚的文化底蕴基础上。培养青年树立坚定的“四个自信”，就是培养青年通过理论、文化认识中国特色社会主义的伟大实践。从中国特色社会主义的文化中认识国情、总结历史经验、了解中华民族的人文特色，从而在中国化的基础上理解当代的伟大实践。从中国特色社会主义的一系列伟大理论中收获认识世界的方法，从而在现象中提取本质，形成科学世界观，从而认识当代的伟大实践对于整个人类文明所具有的先进性、进步性、解放性意义。而也只有以科学的理论视野兼独特的人文视角去认识中华民族从历史到未来的发展历程，才能形成对当代伟大实践全面与透彻的认识，从而充分理解当代伟大实践所具有的时代意义，以及中华民族未来的出路，这也正是“四个自信”信念形成的基础。正是因为“四个自信”蕴含着科学的理论内容、广阔的实践视野以及强大的信念力量，故而是生成深入到中国特色社会主义伟大实践中能动性的来源，是实现对中国特色社会主义历史与未来实践从理论认识到实践转换的必需的思想基础和精神动力。这也是支撑当代中国人民培养价值导向的正气、形成自信自强朝气必然需要的精神力量。

秉持浩然正气的精神，以自信自强、锐意进取的态度不断开拓创新，是中华民族精神的核心体现，是民族之“魂”的反映。从历史来看，中华民族的“魂”是在历史实践中铸就的，通过选择对人民、国家有益的道路和方向以改造世界，从而使整个民族形成正确的价值导向和乐观自信的奋斗精神，而也正是这种文化基因使中华民族成为一个有信念和有希望的民族，促使了中华民族的长远发展与始终兴盛。在新时代的今天，我们也必然需要通过树立正确的奋斗方向、奋斗信念、价值共识，以发扬中华民族讲正气的精神特质和优良传统。只有一个有正气和正念的民族，才能具有讲道义、讲科学、追求进步与解放的人文土壤，并在良好的社会人文氛围中保持自信自强的精神面貌。而培养新时代中国青年树立坚定的“四个自信”，是实现价值导向的正气和自信自强朝气的二者统一的必然需要。新时代的中国青年通过“四个自信”的培育，实现自身从精神和信念上继承中华民族的正气与朝气，从人格上实现自身的进一步健康和完善。在振兴国家民族和对人民有益事业的实践中，真正实现自身的人生价值。

第六章　以文化人视域下高校立德树人的实践构建

为中华民族伟大复兴培养栋梁之材、为社会主义事业培养合格的接班人和建设者，是中国特色社会主义高校在新时代最重要的使命和任务。自进入新时代以来，高校为贯彻落实“立德树人”的教育根本任务一直进行着不懈的探索和实践。“立德树人”根本任务的提出，为当代的教育实践指明了方向，促进了学界对当前教育中存在问题的反思和改进，推动了学界对教育本质问题的思考和把握。实现“立德树人”教育根本任务最终需要立足于实践，通过因地制宜地构建合理的教育路径，以达到促人立德立志、成人成己的教育目的。高校是为中国特色社会主义事业培养合格接班人最前沿的阵地，担负着为中华民族培养有大学问、大智慧可造之才的神圣使命。高校贯彻落实“立德树人”教育根本任务的过程，是系统地构筑人的世界观和认知体系的过程，“让学生懂自己，懂自己的文明，懂自己的社会和国家”① 是实现立德树人的关键所在。从本质而论，“立德树人”是一个用文化提升智慧、用文化感召真情、用文化养育德性的以文化人的教育实践过程。研究如何落实“立德树人”需要透过“以文化人”的视域，遵循“以文化人”的规律，采用“以文化人”的方法，在“以文化人”的整体视域下对落实“立德树人”根本任务的路径进行构建是实践发展的必然需要。

一、以文化人视域下高校立德树人的基本原则

原则是指导人的认识、言行、思想的最基本的准则，明确原则是进行实践的基础。从普遍性而论，实现立德树人根本任务是一个德育的过程，需要

① 李四龙．跨学科人文教育的理念与实践［J］．中国大学教学，2020（4）：39—45．

遵循德育的一般规律，并坚持德育的一般原则。从特殊性而论，“立德树人”是中国特色社会主义高校的教育根本任务，是一个充满人文关怀的教育目标和教育理念，有其独特的政治含义、文化内涵，也有其特殊的实践要求。因此，在贯彻“立德树人”教育根本任务的教育实践过程中，应进一步深化对其实践原则的具体认识。“立德树人”充分体现了人与文的互动，人与人的和谐关系，人与人、人与文的主客一体性。“以文化人”为实现“立德树人”提供了思想启示与方法思路，通过以文化人的视域有助于更明确、具体地认识立德树人应把握的教育原则。

（一）坚持先进文化方向的原则

1983 年 10 月 1 日邓小平同志在为北京的景山学校题词时指出：“教育要面向现代化，面向世界，面向未来。”① 邓小平的题词高度概括了中国特色社会主义学校教育所致力追求的发展方向和教学特色。中国特色社会主义的高校教育具有面向现代化、面向世界、面向未来培养人才的重要战略意义，承担着传播先进文化、先进思想、先进技术的重要责任，所要培养塑造的人才是能够适应现代化的发展，面向世界地追求最先进文化知识，从个人道德品行到知识技能都能走在时代前沿，发挥先进的引领作用。2021 年 4 月 19 日在清华大学考察时，习近平总书记更是进一步指出中国特色社会主义高校承担着以先进的价值追求引领学生、以先进的使命激励学生的教学责任，“我国高等教育要立足中华民族伟大复兴战略全局和世界百年未有之大变局，心怀‘国之大者’，把握大势，敢于担当，善于作为，为服务国家富强、民族复兴、人民幸福贡献力量。”②

为实现立德树人的教育根本任务，高校在教育中以文化人必然需要把握以先进文化育人的重要原则，确立面向现代化、面向世界、面向未来的与时俱进的先进价值观导向为教书育人的方向。在新时代的今天，先进的价值追求体现于投身于对中华民族伟大复兴有益、对建设中国特色社会主义事业有益、对服务于人民有益的事业中，是与历史发展必然趋势相合、人类文明进步发展方向相契合的追求。以先进文化育人的重要意义之一在于，总结人类

---

① 邓小平．邓小平文选（第三卷）［M］．北京：人民出版社，1993：35.

② 习近平在清华大学考察时强调 坚持中国特色世界一流大学建设目标方向 为服务国家富强民族复兴人民幸福贡献力量［N］．人民日报，2021－04－20（1）.

过去和今天所创造的思想文化结晶，从前人今人的实践历程中总结规律，在人类文明已有的认识社会、认识文明、认识自然的基础上，结合当今的实践，展望未来的人类文明发展路径，并基于对未来的认识，以培养和塑造当代的时代新人，以适应未来发展的需要。而先进文化并不单指当代的文化，将新的时代内涵注入过去时代的文化中，将其创新转化，焕发新的思想生机，也能产生新的先进的价值观引领价值。优秀传统文化中蕴含着新时代发展所需的有益思想元素，西方资本主义社会的文化中也含有社会主义建设发展所需的有益思想元素。根本在于确立服务于中华民族伟大复兴、服务于社会主义事业建设的价值导向和价值基调，才能充分继承人类文明已有成果，并不断地将其创新转化为时代所需的先进文化内容，并在教育中以育人化人。

（二）以人为本的原则

实现立德树人是一个充满人文关怀的教育过程，立德树人在本质上致力于促进人身心能力的全面发展，通过教育的过程引导人自觉、自立地成长，从而真正实现自身的人生价值并获得幸福。立德树人所追求的最终结果并不能简单等同于知识的获得或认识的提升，其根本的目的和意义在于服务人、解放人，促进人思想上的解放、精神上的自立，使人树立尊严、树立自信、树立信仰、树立希望，从而在本质上获得自由与幸福，形成自身健全的人格并获得全面的发展。因此，要在新时代的高校教育实践中实现立德树人，必然需要在教学过程中充分把握以人为本的根本性教育原则。

高校所开展的实现立德树人的德育实践工作，从其服务的对象而论，是新时代的高校学生。从高校所开设的课程来看，既包括具有科普意义的通识教育课程，也包括针对性引导思想和认识的德育课，以及不同专业的专业课程。而要实现对学生立德树人的系统培养，这三种课程都不能以纯粹的知识性灌输、以学分为目的或作为工具学科、职业技能培训的态度来对待。要在这三种类型的课程开设中坚定把握好以人为本的原则，则在学习过程中要充分诠释知识以及观点所蕴含的人文精神与科学精神，从认识文明、认识世界的角度去构建学生的认知，使其培养更广阔的眼界和格局。以人为本的教育原则，体现于并没有在教育过程中将受教育对象作为一个工具人而对待，而是积极地应对学生受教育过程中情感的需要、精神的需要、自主性的需要，以其自由而全面发展为教学始终服务的最高目的。若是不能把握好以人为本的教学原则，则在教育中也不能真正做到化人、育人。因此，对于具有普遍意义的通识教育，要着力于提高学生的综合知识水平，熏陶培养学生的人文素养，在具有针对性的思政课教学中，要着力于提升学生的政治素养和认识世界的明辨是非能力，而在各种具体的专业课程学习中，要着力于培养学生的专业素养和形成不同领域的职业道德与工匠精神，从而系统养成优良的品德、情操、意志与性格。

（三）坚持中华文化立场的原则

在以文化人视域下实现高校立德树人，虽然需要广泛汲取东西方文明中有益的思想元素，以人类已有历史文明中的文化结晶育人。但是在实施过程中必然需要坚持中华民族文化的主体地位，以中华民族的文化视野为看问题的主导方式，把握坚持中华文化立场育人的基本原则，从而实现中国特色社会主义教育的自信，开辟与国情相适应、与中华文明一脉相承的面向未来的中国化育人、化人路径。要在文化育人过程中把握中华文化立场的基本原则，必然需要先厘清何为“中华文化立场”。从习近平总书记对“中华文化立场”的论述中，可以获得重要的启示和指导。习近平总书记在多次重要场合的讲话中都有所提及“中华文化立场”，习近平总书记对“中华文化立场”的论述有助于在开展工作和生活实践的具体事务中正确理解与把握如何坚定文化自信，“中华文化立场”的观点对于在教育中把握以文化人的实施也有着重要的启示和依据。在 2014 年 10 月 15 日的文艺工作座谈会讲话中，习近平总书记指出：“我们要坚守中华文化立场、传承中华文化基因，展现中华审美风范。”① 在十九大报告中，习近平总书记提到：“坚守中华文化立场，立足当代中国现实，结合当今时代条件，发展面向现代化、面向世界、面向未来的，民族的科学的大众的社会主义文化。”② 从两例习近平总书记对“中华文化立场”具有代表性的论述中可知，中华文化既指中华民族历史发展过程中一脉相承的优秀文化内容，也包括在新时代今天融汇优秀传统文化、革命文化、社会主义先进文化所形成的具有特色的中国特色社会主义文化。坚持“中华文化立场”，意味着要以高度的文化自信、民族自信、文化自觉看待多元化的不同文化，以对中华民族发展有益、对中国人民思想进步有益的角度去吸收其他文化中的有益元素，在坚持以中华文化为主体的情况

---

① 习近平．在文艺工作座谈会上的讲话［M］．北京：人民出版社，2015：26.

② 习近平．习近平谈治国理政：第三卷［M］．北京：外文出版社，2020：32.

下将其创新转化，以进一步创新发展中国特色社会主义文化。

而在以文化人的教育过程中坚持“中华文化立场”的原则，意味着在教育过程中坚定文化自信，坚持教育中中华文化的主体性和基于文化的民族思想独立性以促进立德树人。在以中华文化为主体吸收其他文化内容中优质思想元素基础上，将思想文化的内容以中国化的叙事语言、叙事风格传授给学生。引导学生结合中国的历史国情，基于中华民族的价值观和世界观去认识其他文明的文化脉络，达到既不自大也不媚外地具有自觉性和自主性汲取其他文化中有益元素的目的。从而打开学生面向世界的视野，但又不因此迷失自我的价值认同和文化身份认同。

（四）重视师生互动交流的原则

文化是一个充满思想魅力与活性的事物，文化既蕴含了深刻的哲理，也蕴含了对人类已有历史实践经验的总结，更充分体现了直观的艺术审美。文化的沉淀厚重与灵动智慧兼具的价值意蕴特征，决定了用文化感召化人，不是一个平铺直叙的灌输过程，也不是一个说服与单方面被教育的过程，而是一个注重引导的启发性教育、树立思想自觉性与独立性的教育过程。以文化人致力于引导人重新认识事物和自我，引导人走入对天地万物参赞化育的价值审美境界，是以文化人的最高追求。而正是以文化人所追求的智慧、仁爱、灵动的教育境界，决定了以文化人的过程要注重师生的互动，把握师生的情感交流、精神交流、思想交流，从而达到所追求的理想效果。

在以文化人的视域下，德育开展的同时需关注人的精神愉悦与思想活力兼顾，是一个注重交流互动的过程。德育的过程并不是一个单向性的知识灌输过程，只有注重师生的交流互动，才能更好地帮助学生解答生活中的疑惑，树立正确的价值观，促进学生思想的成熟与独立。以文化人的视域下，教师是文化的活载体，教师的言行思想是人文精神、优秀价值观念的最好体现，教师的楷模作用对学生的思想将产生切身的影响，教师与学生的交流互动将充分体现对学生思想的解惑和引导作用，只有使德育的整个过程充满师生间相互的人文关怀，营造友爱、活力、和谐的交流互动氛围，才能充分发挥德育改造灵魂的作用，达到立德树人的效果。

（五）“传道”为根本的原则

2014 年习近平总书记在同北京师范大学师生座谈会时指出：“‘传道’

是第一位的……一个优秀的老师应该“既要精于‘授业’、‘解惑’，更要以‘传道’为责任和使命。”[①] “传道”是教师的首要职能，在教育中“传道”是实现立德树人的关键所在。“传道授业解惑”体现了教育最根本的功能和价值，在教育中“传道”是促使人的思想自觉、道德自觉、认识自觉的根本，“传道”的重要性和优先级高于“授业”与“解惑”，教育的一切方法和过程，都围绕着“传道”的最高目的而进行。

如何理解教育中的“传道”？“传道”是文明性、政治性、真理性兼具统一的一个根本问题，通过教育以“传道”是为了解决学生思想认识上最根本的问题，能够正确认识自我的存在，正确认识人类文明、国家、社会的存在，认识自我与世界的相互关系，从而认识自我存在的价值，认识如何实现自身的价值以及选择怎样的人生道路，树立起理想与信念，并通过自身的言行继续传承与弘扬理想信念的“道”。在新时代的今天，在中国特色社会主义的教育中“传道”，有三个层面的重要意义。一：弘扬中华民族伟大复兴中国梦的“道”。二：发扬马克思主义的真理与传承共产主义信仰的“道”。三：传承中华民族优秀文化和伟大精神的“道”。

正是因为教育蕴含着“传道”的神圣使命，因而要达到“传道”的最高目的，必然需要在教育过程中兼容并蓄地传承人类所创造的优秀文化，从而使文明得到延续。而在教育中以文化人并非不加选择的传承所有的文化内容，而是提炼萃取人类文明的思想精华，使受教育者感受到人类文明结晶的思想厚重，并在文化的感染下培养形成包容、开明、求真的文明观，认识到人类文明必然性的发展趋势，从中认识到人类文明解放、进步、先进的发展方向，从而使人类文明的“道”得到弘扬与传承。

习近平总书记在全国高校思想政治工作会议中指出：“教师是人类灵魂的工程师，承担着神圣使命。传道者自己首先要明道、信道。”[②] 习近平总书记所提出的明道和信道的论述，意指教育工作者要明确中国特色社会主义教育最根本的办学方向和精神内核，并以此为教育中践行的价值指引和精神追求，从而在教育过程中言传身教地传递真理和信仰于学生，达到传道授业解惑的根本教学目的。要培养合格的社会主义接班人和建设者，必然需要先

① 习近平．做党和人民满意的好老师：同北京师范大学师生代表座谈时的讲话［M］．北京：人民出版社，2014：5.

② 习近平．习近平谈治国理政：第二卷［M］．北京：外文出版社，2017：379.

有合格的教育工作者。教育工作者要胜任总书记论述中所说的内容，必然需要自我先受教育，而这种教育并不能完全通过外在的教育完成，根本在于最终完成自我的自觉教育。而这种自我教育的自觉力量，需要从中国特色社会主义的文化中获取，一个优秀的教育家、传道者，必然是一个把先进思想文化内化于心的践行者和弘扬者。在现实生活中，对中华民族的民族自豪感、对中华人民共和国的热爱之情，来自对中国传统历史文化的深刻知悉。对社会主义事业的坚定信念和对共产主义事业的远大理想，从对革命文化的研究和深入认识中产生。对中华民族伟大复兴梦想的追求、对人类命运共同体的求索，在社会主义先进文化的感召和熏陶中形成。立场和价值观的形成，并非完全来自对知性形式理论的学习，在现实中，感性的文化内容所产生的情感教育和美育力量，焕发了人更广泛和深层的思维空间，引发了人对现实的联系，唤起了人真实的情感共鸣，从而使人对一定的价值观点更彻底内化于心。也因此，具有高度文化自觉的教育工作者，才能真正提高认识的眼界和格局，真正做到明道和信道。

二、以文化人视域下高校立德树人的施教方法

高校实现立德树人的过程，是一个不断改善施教方法，提升德育效能，优化德育结果的过程。“以文化人”是一个方法的“场域”集合，为高校实现立德树人提供了可借鉴的思维方法合集。从“以文化人”的整体概念中既可以衍生出德育直接可用的具体方法，也能引申出对德育间接可用的智慧启示。“以文化人”所提供的实践方法与启示，是有助于高校立德树人理论转化为实践、理论运用于实践的润滑剂。这些思维方法既是对中国传统文化中优秀教育思想的继承，同时也是基于当前德育实践需要所进行的创新转化。对以文化人方法的探索，并非对原有德育理论与方法的摒弃，而是从文化和生活中挖掘已有未被充分开发的德育方法，进行有的放矢的补充说明、改进完善和创新转化，以更好地推动高校立德树人目标的落实。总而言之，“以文化人”重在以真情实感感化人，以言传身教的行动魄力征服人，通过引人入胜地开拓思维和想象空间以提升受教者精神境界，启发与引导受教育者自主、自觉的人格与意识形成，从而养成内在自觉的德性和智慧。

（一）以情感人的方法

从“化人”的视角来看，落实立德树人教育目标的过程，是一个感召真情实感生成的感化过程。立德树人所要培育的真实情感具体表现为对社会主义事业的关切、对国家的热爱、对人民的热情、对家人的关爱、对师友的友爱等。而引发这些情感形成与升华的要素是施教者自身的真情实感，教师如果自身没有真情实感灌注于施教过程中，就不能达到引人入胜与内化于心的德育效果。从“文化”的角度来看，情感是人类社会文化的重要承载形式之一。从历史上人类社会活动产生以来，情感就在人类社会存在，具有一定的历史积淀和历史记忆，能引发人对特定事物的联想和记忆，引发普遍性的共鸣。例如，对国家的热爱、对父母的关爱这两种情感普遍存在于东西方的历史中，这种情感本身承载着人类社会特定的文化内容。因此，从以文化人的视角来看，以情感人是以文化人的重要方法之一，落实高校立德树人目标的过程中，必然不能缺失德育过程中的以情感人。

情感的生成是自发与感性的，建立在一定的价值观已内化于心的基础上，对不同事物所形成的情感是个体价值观与世界观的感性映射。情感不仅是价值观的外在表现，同时也是价值观形成和传播的重要媒介。通过情感的渲染、情感的引导、情感的培育，可以达到促进交流、增进沟通、加深体会、达成共识的效果。以情感人的关键在于引发对事物认识的共鸣，并在共鸣中推动认识的进一步内化。因此，在高校落实立德树人目标的德育过程中，虽然说教师的说理是帮助学生明理的核心要素，但“说理”的过程不是一个机械的观点输出和知识传播过程。“说理”是一个有情有理的教育过程，需要做到以理服人和以情感人的有机统一及相辅相成。“情”是对“理”认可的真实表现，而“理”又是催动“情”生成的底气、依据与逻辑。只有在情感的推动与感召下，德育的说理过程才能充分发挥应有的价值魅力和情感渲染力。从本质而言，实现立德树人的教育目标最终体现于使学生个体树立信仰、国家整体拥有希望。而要实现学生信仰的树立，更是要从情感上感召学生对社会主义事业的赤诚热情，重视理性教育以外的情感教育，用真情实感引发学生的思想共鸣。

（二）言传身教的方法

师者自身的言行表现是其所认可价值观的真实反映，在德育的过程中，师者自身的言语、行为是最有力的说服手段和教化力量。中华民族自古以来就崇尚言传身教的优良文化传统，知行合一、身体力行、“讷于言而敏于行”是言传身教的重要体现。言传身教通常被定义为：“用语言教育人，以行动带动人，以所作所为感动人和启发人”。[①] 在言传身教的过程中，并不是忽视语言的教育作用，而是强化并凸显了身体力行在其中的关键位置。言传身教中的“言”是服务于身体力行的语言，这种语言本身是行为的重要构成部分。人的行为本身是价值观最直接的载体，言传身教的育人方式具有直观显性的教化功效，同时也发挥着不言之教的隐性育人的价值魅力。

德育虽然是一个价值规范学科，不能形成量化的具体标准，但是服务于人、服务于生活是其不能脱离的根本宗旨，现实生活中人的言行是检验德育成效的最直观体现。在高校德育的整个过程中，课堂是德育最主要的场所与渠道。德育所采用的方法大多针对课堂范围之内的问题，而忽视了德育所应保障的课内课外一体性，甚至课外的日常生活是德育应面向的更重要环节。课堂固然是教授知识、输出观点、阐释逻辑的重要场所，但是要实现价值观的内化于心，仅凭课堂的知识灌输，尚不足以支撑学生对一种立场、观点、方法的深度认同与内化。学生通过德育课程，所获得的是从概念上认知道德、从逻辑理路上认识道德，并基于一定的故事案例认识道德，所形成的由感性到理性的认识，尚需要经过实践的检验或现实中其他事物的印证，以进一步深化自身的认识。故而落实立德树人的教育目标，获取更为理想的德育效果，课堂以外的教育力量同样是不可忽视的重要因素。教师自身的言行是这种力量最直接也最为有效的来源。教师是学生在学校中价值认知的最直接来源，而教师自身的行为是检验其内在价值观的最直观表现，教师自身的行为表现充分彰显了其所教授的价值标准是否被其自身所认可，以及是否能经受起生活实践的检验，能否作为指导生活中言行规范的可持续性的标准。因此，教师自身的言行是德育说服力的重要来源，教师自身的身体力行，将产生巨大的人格魅力和价值引领力。同样，如若教师自身不能做到知行合一，那么对学生价值观所产生的冲击也将更为彻底。

总而言之，言传身教是教师将德育从课堂延伸向生活的过程。言传身教不仅是课堂中教师言行对学生的教育，更涵盖了日常生活中教师言行对

---

① 朱春梅．浅析家庭教育中言传与身教的教育策略［J］．辽宁行政学院学报，2010（4）：105－106.

学生的影响。能否做到言传身教，影响到教师自身对事物的理解。通过言传身教，教师能够更为充分彻底地对事物穷究其理，能结合自身丰富的生活体会以联系实际，从而更好地贴近生活以向学生阐释事物中的原理和规律。

（三）触类旁通的方法

实现立德树人目标是一个德育与智育兼顾的过程。虽然立德是首要的目的，但立德树人建立在转智为识的基础上，通过促进人的认识的不断提升，由量变到质变产生升华，最终引导受教育对象形成拥有自觉道德意识的主体人格。从结果而论，实现立德树人是要培养世界历史性的人，即具有面向现代化、面向世界、面向未来的主体特征，追求德智体美劳的全面发展是立德树人的应有之义。因此，从本质而言，实现立德树人是一个不断增长知识、开阔视野，促进受教育对象知识结构不断更新、知识体系不断融会贯通的转智成识的过程。

立德树人是个明理求真的过程，建立在广泛继承人类已有的精神文明成果基础上，并从中探索规律、总结经验，培养自身的真知灼见，并终而形成对自我、社会、文明、世界相互关系的科学认识，从而生成自觉性的道德主体意识。因此，实现立德树人的教育目标需要“大文科”的思维，要认识到德育的开展是一个系统性的认识提升过程，需要丰富的知识结构作为支撑。虽然德育作为规范科学，价值关系处于主导性地位，但是要认识到对价值关系的合理性进行说明与论证，是德育的关键所在。而人类社会已有的历史实践和所创造的思想文化都是支撑德育开展的现实依据，德育在实践中的运用超越了德育学科本身的知识范畴。因此，德育的开展要广泛地吸收东西方文明的精华，以政治、经济、哲学、军事、社会的知识作为支撑，对物理知识、生物知识、化学知识等理工科范畴的知识也应有所涉猎，德育是帮助学生格物致知的过程。德育的目的之一在于，打破单一学科带来的思维局限，帮助学生系统地整合已有的知识，增进对人类社会现象和本质的认识，对知识的触类旁通，是认识发展的必然需要。从认识提升的角度而论，开展德育以实现学生的立德树人成长，是帮助学生对道德的认识从抽象到具体的转化过程，并在具体的认知中增进认识，实现价值观进一步的升华与深化。触类旁通的教学方法，既是从抽象到具体的教学过程，亦是还原生活，再现现实具体情境的过程。

（四）潜移默化的方法

中华民族自古以来就有以潜移默化方式化人的文化传统，潜移默化是浸化式育人的体现，通过环境的渲染、氛围的营造以及时间的积累，循序渐进地收获由量变到质变的育人结果。中华民族自先秦时期起，就认识到对人才的教育培养不是一个线性上升的过程，而是在曲折中进步发展的认识积累过程。以儒家为例，儒家对人才的培养，核心在于培育以“礼义仁智信”为内核的精神。儒家对人才的培育方式不是通过纯粹的书本知识传授，而是以“礼、乐、射、御、书、数”相辅相成的多元教育手段，用物质文化和精神文化相统一的方式，让学生在潜移默化的过程中享受精神盛宴，体会何为“礼义仁智信”的精神要义。去除形式的外壳，潜移默化的育人方法对今天的德育同样具有重要的参考价值。潜移默化的育人方法，具有隐蔽性、间接性、渗透性的优点。[①] 在德育过程中采用潜移默化的方法，是遵循教育客观规律、尊重人认识发展规律的体现。

“十年树木，百年树人”，实现立德树人目标不是一蹴而就的结果。立德树人具有过程的复杂性和时间的长远性特征，立德树人实质上是一个潜移默化的育人过程。高校立德树人对人的潜移默化体现于，立德树人是全员参与、全方位施教、全过程跟进的系统工程。虽然教师在这整个过程中作为教育主体，发挥着德育的主导性作用，但是实现立德树人目标是各方面合力的最终结果，需要环境与其他教育成员共同的协力合作，最终形成德育的整体效应。落实立德树人的教育根本任务，不仅要把握德育过程中显性直观的要素，更要具有空间与时间意识，从更为广义的角度把握德育更多隐性和间接的要素，为德育的开展开拓更多空间与机会。高校实现立德树人根本任务是一个系统的工程，需要为学生创造适宜的学习与生活环境，使学生无处不在、无时不有地受到教育与渲染，最终在潜移默化中收获理想的教育效果。在当今的高校德育中运用潜移默化的方法育人，可以通过提升课程内容质量、提高工作人员素养、加强校园文化建设、加强校园平台以及机制的建设，以达到潜移默化影响人的效果。

（五）境界体会的方法

“境界”在不同的情境下有着不同含义，既可以指代地理的边界，又可

---

① 罗红杰．“以文化人”到“立德树人”的系统逻辑［J］．系统科学学报，2022（3）：108－113．

以意指风景，乃至作为宗教术语时，其意为某种场域或情境。[①] 但若以人为主体，“境界”则与人的实践相关联，意指人所能达到的精神领域，是人的精神世界和内心状态的综合反映。如果说西方哲学家重视从本体关系的角度去解读人，那么东方的哲人则更重视从境界的视角去理解人生的意义。学者冯友兰先生将人生的境界分类为：自然境界、功利境界、道德境界和天地境界。[②] 东方哲人对境界的认识往往还蕴含了其对善与美关系的理解，学者张世英先生指出：“天地与我为一体的境界虽然是超道德意义的，但它又自然地是合乎道德的。一个真正达到这种境界的人，其为他人谋幸福的行为不仅仅是出于道德上的‘应该’，更主要的是受他所处的这种崇高境界的自然的、直接的驱使。”[③] 德育的理想状态是使道德成为人的自然本能、成为人的精神愉悦，而达到这种效果必然需要从精神境界上实现对人的引领。

立德树人是人生的一种境界体现，立德树人内蕴着刚强自信自立的精神力量，同时又体现了柔顺和谐自觉的内在状态，立德树人给予人以“与天地合其德，与日月合其明”的诗性美。理解何为“立德树人”，以及在德育过程中如何落实“立德树人”，不仅需要理性、缜密、严谨、科学的思维逻辑对“立德树人”的每个要素、环节进行具体问题具体分析，同时也需要诗性、写意、浪漫的艺术性思维，从美的角度理解“立德树人”所产生的心灵愉悦感受，从意境上体会“立德树人”所带来的内心和谐状态。“境界”不是理性可以直接捕捉的事物，“境界”往往与文化相生相依。在德育过程中，以文化为介质可以体会到“境界”。文化的思想内涵具有显性与隐性的双面性，境界往往依存于文化隐性的一面。学者孙迎光指出：“德育是一种文化传承活动，显隐联系是文化的重要特征。没有显隐联系意识，就很难理解文化；不能理解文化，就很难从事德育。”[④] 孔子让学生明理的方式遵循“兴于诗，立于礼，成于乐”的教育轨迹，孔子寓教于乐就是一种帮助学生体会境界以及提升境界的方法，通过以文化人的方式，引导学生从文化中直觉到普通理性所不能概括的内涵，这就是境界。孔子对学生的德育，没有尝试从道理上展开论证，而是以诗化的方式象形取意，从直觉上加深体会。例如以天地的意象，引领学生去体会一种宏大宽广的人生境界。“天地之道：博也，

① 亢雄．旅游境界浅说［J］．理论导刊，2016（12）：118－121.

② 江畅．论德性修养及其与德性教育的关系［J］．道德与文明，2012（5）：104－110.

③ 张世英．进入澄明之境－哲学的新方向［M］．北京：商务印书馆，1999：242.

④ 孙迎光，孙菲．诗意德育［M］．上海：上海三联书店，2017：107.

厚也，高也，明也，悠也，久也”。正是孔子能够不拘泥于从字句的层面去阐释德的精神要义，而是从境界提升的层面帮助学生体会和认识德，故而能使人产生“朝闻夕死”的透彻感触。而境界体会的方法，目的不在于使人从局部上获得“认知”，而是在于实现自身认识的“登高望远”，通过眼界与视野的提升实现自身的觉解，而这种教育理念对高校立德树人的德育实践仍具有重要的参考价值。

三、以文化人视域下高校立德树人的教学路径

实现“立德树人”根本任务，需要以完善知识结构为前提，以培育理想信念为核心，以提高审美情趣为辅助，以激发自强不息的精神为增益。课堂教学是高校实现立德树人的主渠道，丰富课堂教学的内容，构建协调育人的课程体系，是高校实现立德树人根本任务的关键所在。高校实现“立德树人”需要以优秀的文化资源充实教学的内容，以善于启发引导的方法进行施教，以多元化的教学内容促进人的全面发展，唤醒人的真善美。

（一）构建协同育人的课程思政体系

人类文明所创造的智慧结晶，既包含了对社会科学的认识，也包含了对自然科学的认识。在新时代的教育中，“以文化人”不能仅从狭义上理解为以社会科学领域的知识化人，更应认识到在广义上以人类文明一切领域的先进思想成果启示人、教育人，从而培养形成包容的理论视野和全面的知识储备。实现以立德树人为导向的教育培养是一个系统的知识构建和认识提升过程，价值观和道德观的形成立足于对现实事物的真实认识，思想和道德的自觉性形成建立在对事物真知灼见的基础上。立德树人所追求的教育、，并非使学生简单从概念上能够论述何为道德，而是体现在使学生对“德”的理解和认识能够知行合一。对“德”真正的内化于心与知行合一是“立德”的真正体现，需要基于现实的生活环境与社会土壤，去认识“德”对于社会进步、文明发展、价值实现以及公平秩序的重要意义，从而基于现实的问题意识而产生深刻的价值认同与情感共鸣。因此，立德树人从本质上而言是一个实事求是地认识世界、认识事物发展规律的过程，只有具备对世界全面综合的系统认识，才能避免对“德”空泛化、抽象化、机械化的理解，培养形成对人类文明的正确世界观和价值观，从而在认识不断提高的基础上实现自身

的立德树人。人类社会发展至今，对自然界物质发展规律的基本认识和对人类社会发展规律的基本认识，是一个具有独立思考能力的人必然需要掌握的基本常识，只有具备对人类生存发展空间总体性的基本认识，才能真正深入到对人类生命活动空间所发生的实践活动的理解中，从而正确认识事物发展的规律和本质，形成成熟的价值认知体系。

以“立德树人”为导向的教育培养过程，是不断认识人类社会发展规律和自然物质规律的教育过程，因而综合掌握并全盘认识人类已有的自然科学与社会科学的基本知识，是作为一个合格的中国特色社会主义时代新人必然需要与时俱进具备的基本素养。高校在实施对学生以“立德树人”为导向的教育培养的过程中，虽然德育是核心的关键环节，但扎实全面的通识教育，构建全方位的课程思政体系，是实现立德树人的基础。何为通识教育？通识教育通常指在大学本科阶段所进行的教育，在一般意义上被定义为“低年级实行不分专业、打破院系界限的主干基础课教育，高年级则实行宽口径的专业教育。”[①] 通过通识教育课程的开设，学生对不同领域的基础知识进行融会贯通，形成较宽厚、扎实的专业基础以及合理的知识和能力结构，并在这个过程中认识和了解了当代社会核心所关注的发展问题，并使自身发展全面的人格素质与广阔的知识视野。[②] 1979 年，哈佛文理学院院长罗索夫斯基把哈佛通识课程分成基本的文学与艺术、科学与数学、历史研究、社会与哲学分析、外国语文和文化五大类，具有重要的参考和启示价值。[③] 在新时代的今天，中国特色社会主义教育中通识课程的开设，要服务于学生对人类文明已有重要成果的认识，了解人类文明的整体发展过程，基于广阔的知识视野和真实的问题意识，从而在立足于现实逻辑和历史逻辑的基础上，培养辩证唯物主义和历史唯物主义的世界观形成，为实现自身的立德树人打下重要的基础。

根据《普通高等学校本科专业目录》2021 年版所录，除未设代码为 11 的军事学学科门类，在中国特色社会主义普通高校共设置哲学、经济学、法学、教育学、文学、历史学、理学、工学、农学、医学、管理学、艺术学十

① 沈孟璎．新中国 60 年新词新语词典：［M］．成都：四川出版集团·四川辞书出版社，2009．

② 祝光耀，张塞．生态文明建设大辞典：第三册［M］．南昌：江西科学技术出版社，2016．

③ 李森，张鸿翼．大学通识教育的内涵、特征与实践路向［J］．国家教育行政学院学报，2018（5）：52—57．

二个学科门类，截止至2021年，共包括740种专业。与2011年共506种专业相比，新增了两百多种专业，以适应时代发展的需要。虽然中国特色社会主义普通高校专业种类呈现多元化发展及数量不断增多的趋势，但其最根本的宗旨是服务于新时代中国特色社会主义发展建设的需要，为中华民族伟大复兴的实现培养各个领域高屋建瓴所需的顶尖人才。因此，各不同学科专业的学生除了需要完成专业课程的培养计划，还需要以通识教育为基础，培养综合全面的素质和认识能力，形成对科技、工业、自然、社会、农业、历史等综合的认识，以适应现代化发展的需要，在基于对现实事物认识构建过程中培养对中华民族历史文化的认同，对中国特色社会主义伟大实践的深刻认识。

虽然根据专业的区分，不同专业学生的培养计划有所不同，但从整体性而言，落"立德树人"根本任务是不同学科门类学生共同的教育目标，而为实现这个根本的教育任务，在知识获取和认知体系构建上需要立足于新时代实践与认识全面发展的需要。因此课程思政体系的建设，需要根据学科门类的不同进行因材施教的课程内容设置，从而使中国特色社会主义的时代新人拥有广阔的看问题视野和先进的思想认识，不仅能够胜任自身在工作中的角色，而且能够作为一个思想和人格完整的人而实现自身社会性的价值，成长为一个合格的社会主义接班人。高等教育固然不能培养出全知全能的学生，但通过课程思政的建设，应使高等教育体现"科学为根，文化为魂"① 的特色，培养学生形成对世界物质规律和人类社会发展规律综合的认识，帮助其以具体而全面的广阔视野认识世界、认识人类文明、认识自己。

从人的自由全面发展的角度而言，理工科的博士生在本科阶段就应在学好与专业相关的自然科学类课程外，通过历史、文学、政治等相关的社会科学类课程，培养形成对中华民族历史的基本认识，对中国特色社会主义制度形成与发展的认识，对法律、民生等问题的认识。从而基于对世界的全面认识，形成了对自身专业学习价值意义的深刻认识，而这是科学精神形成的基础，从而在硕士和博士的学习阶段有务实求真和严谨科学的研究态度。而同时对人类文明、人类社会的全面认识，也培养了自身的问题意识，使自身的

---

① 王冀生．育人为本 科学为根 文化为魂一谈三位一体的大学哲学观［J］．中国高等教育，2009（20）：7－9．

研究有的放矢，从现实中找到科学研究的方向与动力。而以文科生为例，课程思政体系的建设，对其专业更深入的学习乃至认识提高有着不可估量的作用。人文科学类学科开展课程思政教育，应设置好物理、地理、生物、化学等方面的教学内容。人类文明的发展离不开劳动以物化自然的改造世界过程，对物质属性的研究及利用，是人类文明发展的重要能量来源。马克思、恩格斯所著的《资本论》《自然辩证法》等巨作，建立在扎实的自然科学知识及社会科学知识融会贯通的基础上，对真理的追求离不开广阔的知识视野，在实事求是的真知灼见基础上才能打开认识世界、认识人类社会发展规律的大门。社会科学门类的博士生、硕士生，如果缺乏对自然科学知识的基本认识，缺乏对文史哲的贯通，也并不能真正理解前人哲学的思想精髓，不能真正深入到实践中理解事物的发展关系。大学在本质上承担着传承文明、启迪智慧、引导探索真理的文化使命，使学生在通识教育过程中综合地掌握自然科学知识与社会科学的各种知识，培养对世界物质规律和人类社会发展规律的综合认识，形成扎实而全面的对生活与生命的认识，才能在澄明的思想认识中实现自身的立德树人。

（二）强化思想政治理论课“传道解惑”的主渠道作用

教育的根本目的在于育人，教育的内容有体用之分。从经世致用和学以致用的角度来说，教育服务于人技能的培养，服务于某个专业领域知识的提升，以解决具体的现实问题为目的。从教育的本体性而论，教育的目的不在于使受教者仅限于局部知识的获得，而是致力于使受教育对象提升对世界全面的认识能力。由某种知识或技能的培养为切入点，渐入佳境地上升到对世界与本我关系的全面认识中，发现自身安身立命的立足点（对自身生命意义、价值使命和理想追求的自觉认识），从而树立自身的人生信仰和终身理想，这是教育“传道”功能的最直接效果体现。在中国封建时代，“传道”借助于一定的文化活动以实现，而在多样性的文化活动中，以对儒家文化经典的学习为核心。儒家经典学说系统构建了封建时代的道德观、家庭观、国家观，在当时具有先进的思想文化和社会文明价值。对儒家经典的学习是封建时代德育的主要形式，发挥着思想上直观、方式上直接的传道解惑的教育作用。

1.“解惑”：透过科学的理论视野认识人类文明的发展

社会精神文明的发展、社会整体思想水平的进步，需要以各种社会性的文化活动推进。时代的发展促进了文化活动的多元性发展，每个时代都需要以其中一定的文化活动为传播先进价值观的主要渠道，达到直观地传承优秀文明成果、弘扬先进价值理念、凸显时代主题的“弘道”育人目的。在新时代的今天，思想政治理论课本质上是以“传道解惑”为核心的以文化人的文化活动，通过系统地阐释当代先进科学的思想理论、优秀文化经典，奠基青年一代的世界观、人生观、价值观。新时代高校落实“立德树人”根本任务的核心在于把握好思想政治理论课的开设，而要充分发挥其“传道解惑”的教育主渠道作用，关键在于优化课程的理论内容和文化内容，使内容服务于其“传道解惑”的根本目的。落实好思想政治理论课的教学，需要具有“以文化人”的教学视野。从宏观角度而言，“文”是人类概念，“文化”包含了人类的历史、人类的文明，以及人类发展历程中的经验总结、成败得失。思想政治理论课是致力于帮助学生认识人类文明发展历程、了解当代世界形势、认识中国共产党的伟大实践的课程，通过思想政治理论课的解惑作用，学生可以形成对中国的历史人文、国情舆情、马克思主义科学理论体系的系统认识。

思想政治理论课所传的“道”寄寓于用以化人的“文”中，二者相辅相成，是不可分割的关系，马克思主义的科学理论体系是思想政治理论课所传“道”的内容精华。从总体上看，思想政治理论课的“解惑”作用体现于，基于历史唯物主义的思想观点系统阐释人类已有的文明和历史实践，使学生以科学的历史观、实践观、政治观看待人类文明已创造的历史，形成对人类文明未来发展的正确认知。马克思主义理论学说引导学生带着联系现实的问题意识，以联系发展的眼光深入到对人类文明整个历程发展的认识中，使从书本资料中获得的对人类历史与文明的间接认识，转化为对比当前生活现实的直观理解。思想政治理论课不是以狭义的“文化”为化人的“文”，而是以人类的整个历史、当前的时代为化人的“文”，通过科学理论阐释其中的关系，引导学生认识规律、透过现象看本质，从而达到帮助学生“解惑”认识世界的根本目的。思想政治理论课要围绕“新文科”“大文科”的思路进一步完善内容建设。

2. “传道”：对马克思主义的“真学真懂真信真用”

在思想政治理论课教学过程中如果缺乏“文”的内容支撑，传好马克思主义真经的教学目的同样也难以达成，不能帮助学生形成真正的理论自觉，树立正确的世界观、人生观、价值观。思想政治理论课要达到说服人、掌握人的化人效果，核心在于帮助学生知其所以然地真学真懂真信真用马克思主义，使学生对马克思主义思想观点的认识由书面化的理论形式上升为生动具体的现实逻辑，从而培养科学的世界观形成。而达到掌握马克思主义科学理论的教育目的，关键在于把握理论内在的彻底性。把握理论彻底性意味着不能只在表层意义上认知马克思主义思想观点直接的结论，而是要还原到具体的历史背景和现实问题中，通过认识引发马克思主义思想观点形成的元问题，认识马克思所批判其他学说的历史局限性，以及马克思所借鉴的其他人类文明中的优秀思想成果，从而进入到马克思剖析与解决问题层层推进的内在逻辑中，达到以现实逻辑认识马克思主义理论学说的目的。因此，思想政治理论课的说理以扎实的现实依据、历史事实为支撑，通过对存在事物的剖析，对历史经验的总结，以达到从生动的事例中总结规律的目的。思想政治理论课的教学不能脱离联系人类具体的文明成果、历史发展以谈理论，德育根本的立足点在于以人类文明广义的文化为原材料，实现以明理为目的的阐释，以及在阐释清楚道理的基础上达到化人的目的。

思想政治理论课以马克思主义的理论视野引导学生认识人类文明整体的发展、中华民族的发展、中华文化的发展，并基于对文明发展、民族发展、文化发展生动事实的认识过程中，使学生掌握马克思主义的思维方法、理论逻辑、价值立场。思想政治理论课在以文化人的过程中达到“传道”的目的，培育学生形成马克思主义的价值立场、方法观点、理论视野，并使学生基于科学的理论视野确立自身的信仰选择和价值追求。

（三）注重美育“真善美”的价值引领作用

文化中蕴含着丰富的美学元素，人类所创造的璀璨文化不仅具有促人以明理的教化功能，同时其蕴含的美学元素拓展了人思考的空间，感召人以精神的升华，给予人美好的生命体验。美育能够引导人在对善的认识中感受到美的意象，从对美的追求中，实现善与美的统一。在以文化人的教育理念中蕴含着深厚的美学价值意蕴，以美育为德育实现的桥梁，引导人产生对具有内在美事物的向往，并追求真善美。美育是以文化人的重要体现形式之一，美育是以美为文化的价值载体，引导人从认识美、欣赏美的陶冶与熏陶过程中，激发人的真实的情感共鸣产生，启迪人的精神境界提升，引发人的思想认识升华。近代思想家、教育家蔡元培先生将美育视为一种重要的社会教育方式，认为美育是美感之教育，“美感是合美丽与尊严而言之，介乎现象世界与实体世界之间而为津梁者。”① 但蔡元培先生同时指出，美育的目的是使人培养适当的行为，德育是美育的灵魂和中心。在东西方的文明中，美育是涵养道德、涵育品性、培养情操的重要方式，时至今日，美育在教化育人过程中仍占据着重要的地位，发挥着重要的价值观塑造与引导作用。

在生活实践中，没有接受过美学教育并不意味着没有发现美和认识美的能力。然而，美育的价值在于，能够引导人不局限于从表象上甄别何为美，而是能够挖掘事物更深层次隐含的美学元素，能够加深对美学元素的体验。美育使人不仅基于感官的直观感受去认识美，而是通过培养发现美、认识美与创造美的意识，从万事万物中挖掘美的元素，从而发现生活中日用而不知的美学元素，在感受到“天地之大美”的生命体验中形成愉悦的精神感受，并将享受美的生命体验融入自身的价值认同和价值追求中，达到创造美的目的。从狭义而言，美育的功能是艺术性的，帮助人认识美学的理论，并基于美学的理论认识事物。然而从广义而言，美育所关注的并非局限于某个学科或范畴的事物，而是通过美育以认识“天地之大美”，通过美育以认识人性之美，并从价值审美的培养过程中，促进精神境界的升华，达到培养豁达的人生态度、涵养性情、形成对真善美的价值认同的教育目的。

对美的欣赏与体验是中华民族文化中重要的组成部分，以文化人包含了通过美育以达到净化心灵、陶冶情操，激发有益的思想启迪和生命感悟的目的。高校在实现立德树人的过程中，要充分发挥美育以美育人、以美育德的化人作用，实现对精神的引领和价值审美的引导。从美育的课程设置而言，美育的实践不该从表象上理解为仅通过艺术类课程以实现。美术、音乐等科目固然能够以一定的艺术形式表达美，但其所产生的育人、化人作用有限，并不能达到以美育人的更深层目的。美育的教学实践要从美育的本质追求去把握，应认识到美育更深层的意义在于，促进人从文化层面理解事物的存在，并从中挖掘出美的价值意蕴、体会到美的精神境界。例如，从科学理性的分析和计算来看，玉本质上是一种矿石，由各种原子和分子构成，这从本质上揭示了玉作为物质的存在意义。而回归到现实生活中，玉对于人类社会的价值显然不由其物理属性主导，而是其文化属性决定了玉存在的意义。在中国传统文化中，玉是君子的象征，玉是“德”的载体，玉是一种文化符号，而

---

① 张正江．蔡元培美育哲学思想初探［J］．中国会议2009纪念《教育史研究》创刊二十周年论文集（2）——中国教育思想史与人物研究，2009：1865—1869.

缺乏价值审美的能力，则不能领略玉所蕴含的文化意义。玉所彰显的美，并不完全由其色彩质感决定，更因其在历史中积淀过承载的文化意义决定。要全面正确认识玉在现实中的存在，不仅要从科学的视野去把握其物质意义，更要基于美学的价值审美视野准确把握其文化意义。玉的例子不是一个孤例，对现实事物的认识若缺乏价值审美，必然会导致对其内涵认识的丢失。

在现实中认识与把握事物的存在，不仅是基于物质生活的需要，更是精神发展的需要。从精神需要的角度而言，教育中就不能使美育缺位，美育不是一种外在性和工具性的学科存在，而是隐性地融于整个教育过程中，使教育艺术化，使教育在美育的融入后得到升华。在中国传统文化中，理想的教育形式是“兴于诗，立于礼，成于乐。”学者朱光潜认为：“诗、礼、乐都属于美感教育。目的在怡情养性，养成内心和谐，使行为仪表规范，养成生活的秩序……内具和谐而外具秩序的生活，从伦理观点看，是最善的；从美感观点看，也是最美的。”① 诗、礼、乐仅凭其内容上的叙事不能达到其现实中的思想高度，而其具有强大的精神感染力，缘于其同时具有美育功能，说理与美育的结合，使其教育作用得到升华。而在新时代的高校教育中，实现立德树人不仅包含了时代所赋予的新的培养要求，而且包含着净化心灵、涵养品性的价值审美和精神境界提升的内在要求。因此，不同专业的培养，在追求科学求真求实的同时，同样不能放弃教育应有的美感精神需要。社会科学的教育内容融入美育可以引导学生认识人性美、文明美，从个体自强不息的追求生存发展乃至人类社会生生不息地不断突破局限性的历程中认识到美的存在，培养形成对生活和生命希望的美感。自然科学的教育内容融入美育可以引导学生认识科学美、自然美，从对物质微观到宏观的构成、物质世界物质运动相互作用关系的认识，乃至升华到对科学技术催生整个人类社会发展变革的美妙认识，使对技术的认识由工具思维上升到精神层面的哲学思考。

（四）重视体育对于精神塑造的增益作用

实现对学生立德树人的教育培养，不仅需要通过文化类课程的教育，实现对培养对象知识结构的完善、智识的提升、道德观的培育，更需要通过体育的教学以协同育人。体育是促进人自由全面发展不可忽视的重要环节，体

---

① 朱光潜．朱光潜全集（第 4 卷）[M]．合肥：安徽教育出版社，1994：204.

育的功能不仅体现在对培养对象身体塑造、健康提升的实现。体育教学本身更是文化与精神的载体，从普遍的意义而言，体育的价值体现于过程而非结果，体育教学在身体塑造的过程中，实现了对学生精神与意志的锤炼，促进了受教育对象人格的成长与自我完善。

在人类的文明发展历程中，体育与人自我的发展乃至社会整体的发展有着不可分割的重要关联。在人类文明的启蒙阶段，体育满足了人基本生存的需要，身体素质的强壮与否，决定了人是否能适应自然条件以生存，能否通过渔猎采集以获得生活资料延续生命的繁衍。体育在原始社会体现为对生存、生产技能的教育和培训，体育发挥着生命性和生产性的社会功能，与生活本身具有一体性。进入农业文明阶段，体育体现出其文化性、艺术性、战争性的功能，包括身体健康的巩固、精神的传承、礼仪的示范、战争技能的培养作用。在中华民族的历史传统中，广义上体育在人的物质生活和精神生活中占据着重要的地位，体育在中华民族的文化传统中在物质文化上体现为射、骑、车、猎、剑等技能的培养。在精神文化上体育表现为精神意志的凝聚与承载作用，通过武术、舞蹈等形式以实现内在的精神气质的养成与价值观的培育，通过文武兼修以实现尚武精神的培育，养成威武不屈的精神节气，对“天行健，君子以自强不息”精神意象的体悟，以及在天人合一的更高价值追求中贯彻身体与精神的协调统一。

在近现代社会，体育是全方位育人过程中必不可缺的环节，发挥着对人精神和肉体积极的塑造和完善作用。自中国近代以来，体育始终围绕着“健身强国以实现民族复兴”[①] 的主题而开展。在旧社会，帝国主义的入侵使中华民族的革命家、教育家、思想家无不从各个途径思索救民强国之道。实现中华民族的振兴，核心在于通过教育以实现人的自立自强。而人的自立不仅需要聪慧的头脑、科学的思想，更需要以强健的体魄为基础。基于生理层面和文化层面的思考，通过体育以增强人民体质，培育尚武的精神、坚强的意志、自强不息的气质，为中华民族伟大复兴打下重要身体和精神的基础，成为当时社会普遍的共识。梁启超提出尚武以振兴民族的观点，“尚武者国民之元气，国家所恃以成立，而文明所以赖以维持者也。”[②] 毛泽东青年时期

---

① 习近平．发展体育运动增强人民体质促进群众体育和竞技体育全面发展［EB/OL］．（2013－09－01）．http：//cpc. people. com. cn/n/2013/0901/c64094-22763488. html.

② 张璐斐，张艳丽．论体育“为中国人民谋幸福，为中华民族谋复兴”的价值定位、现实意义与实践路径［J］．北京体育大学学报，2021（10）：1－13.

则在《体育之研究》中指出，“国力恭弱，武风不振，民族之体质日趋轻细，此甚可忧之现象也”，指出要通过“文明其精神，野蛮其体魄”以强国强种振兴民族。[①] 体育自近代开始，不仅具有通过科学方法培养健康体魄的教育功能，更是精神文化的重要载体，承担着焕发全新的精神面貌、培养坚毅勇武的精神意志、养成自信自强的健康人格的化人作用，通过人的精神振作以实现民族整体精神的崛起。

追溯体育在人类文明不同发展阶段所体现的社会功能，以及了解其在中华民族历史发展过程中的人文意义，对于今天体育教学的认识与实践具有重要的借鉴与启示意义。在新时代的今天，体育是高校实现立德树人的教育实践中的重要内容，体育的最高价值目标不在于竞技成绩的追求或技能的培养，而是通过体育教学以真正服务于广大学生身体的健康成长和人格的健康塑造，为中华民族伟大复兴而培养身体健康、精神振作、人格健全的时代新人。习近平总书记在 2020 年 9 月份教育文化卫生体育领域专家代表座谈会上指出：“体育是提高人民健康水平的重要途径，是满足人民群众对美好生活向往、促进人的全面发展的重要手段……是展示国家文化软实力的重要平台。”[②] 在新时代的高校教育中，体育的开展要围绕身体健康的巩固、团队协作精神的培养、师生互动性的提升、吃苦耐劳意识的培育、自强不息精神的养成、自尊自信人格的塑造而进行。体育运动本身是人类社会团体活动的一种模型，是人类社会文化承载的一种载体，体育运动的过程，具有不言之教的潜移默化作用。体育的教学需要与人文相结合，以突破工具性的限制，从而使体育过程不仅是一个身体磨砺过程，更是一个享受精神食粮的过程。课程的设置应体现其在运动的身体力行过程中增强体质、加深对文化的体会、精神意志得到锤炼的特征。在高校的体育课程设置中，应适当恢复一些具有历史传统的竞技项目，例如射箭、兵器技击、剑术等，通过体育以增强学生对中华民族历史文化的兴趣，并从中体会内在的身体与外在的世界相和谐的思想意境，以及寄寓于运动项目中的“礼义仁智信”的价值意蕴。体育的教学以引导学生突破自我、克服心理障碍为主，使学生在不断增益其所不能的过程中，树立信心，培养自强不息的进取意识。

---

① 李兆旭．清末民初（1895—1920）我国“体育”概念形成与演变过程探究：以毛泽东《体育之研究》为中心［J］．北京体育大学学报，2021（10）：129－139.

② 习近平．习近平重要讲话单行本（2020 年合订本）［M］．北京：人民出版社，2021：145.

四、以文化人视域下高校立德树人的育人载体

高校落实立德树人教育根本任务是一个全程育人与全方位育人的过程，善于发现教育过程中具有思想政治教育功能的载体，并合理运用载体对学生进行直接或间接地教育，是立德树人的必然需要。所谓载体，是指能够承载、传导一定的信息与内容，可以被主体所运用的物体，载体是思想政治教育过程中的基础设施。[①] 高校校园中的物质文化和精神文化是构成教育载体的重要来源，落实立德树人根本任务需要加强校园文化的建设和创新。通过挖掘校园自身的文化资源，因地制宜地构建以环境、平台、机制为主的载体体系，充分发挥其价值观渲染、影响的教育功能，从而达到激发志趣、规范引导和潜移默化的育人目的。

（一）环境载体的精神传承功能

儒家经典著作《大学》将“大学”之道形容为：“大学之道，在明明德，在亲民，在止于至善。”在中国古代，古人将人生成长学习的阶段分为“大学”和“小学”，“大学”与“小学”具有相对性。朱熹认为，八岁进入“小学”学习阶段，学习的内容是“洒扫应对进退、礼乐射御书数”等生而为人最基本的社会性知识与礼仪规范，但自十五岁接近成年则应进入“大学”学习阶段，明了伦理、政治、哲学等“穷理正心，修己治人”的大学问。在中华文明的历史发展过程中，处于文明早期的历史阶段，人们已经意识到追求大学问的重要性，社会必然需要拥有治理大学问、传播大学问、培养拥有高深学问人才的机构场所。而这种治学育才的场所，并非以技能培训为目的、也并非以追求物质利益为直接的目的，而是作为人类精神文化家园而存在。“大学”本质上象征着对学问学无止境地穷究其理，代表着对光明德行的坚守、对高尚道德境界的崇尚、对伟大精神的传承，其所承载的代表创造人类希望与美好未来的文化意义，远大于其现实的教育意义。“大学”所承载的文化内涵，赋予了其在人类文明中神圣性与庄严性的精神地位，“大学”的文化符号在人类社会中发挥着引人好学、向善、立志，追求人类文明中最纯

---

① 孙其昂，黄世虎．思想政治教育学基本原理（第四版）［M］．南京：河海大学出版社，2015：190.

粹光明的道德与智慧境地的精神感召作用。现代意义的“大学”不仅继承了其优良的文化传统，保留了作为精神文化家园存在的文化功能及教书育人场所的教育功能，并基于时代发展的需要，与时俱进地融入了新的教育理念，形成了新的大学文化。

现代社会的“大学”是进行高等教育的场所，一般分为综合大学、专科大学或学院。新时代中国特色社会主义高校的办学宗旨既融汇了西方文明高等教育的相应理念、也同时继承了中华民族传统的优秀人文教育思想，高校从其根本的价值定位而言，是学生精神与灵魂的归属地。高校整体的人文环境发挥着思想上凝聚人、精神上感召人的作用，在高校教师直接地教育参与和高校人文环境日用而不觉的间接渗透影响下，学生形成了对所在高校理想使命、精神内涵由浅至深的认识，并基于精神上的共鸣和价值观的认同，形成贯彻其一生的重要准则与使命荣誉感。而不同的高校由于创办时间不同、发展历程不同、创办的初衷不同、培养出的杰出师生不同，使高校间形成了不同的实践宗旨、人文氛围、精神追求，但在共性上都助益于人在大学精神的感召下实现自身的立德树人。高校本身是一个社会文化组织体系，其整体的人文氛围发挥着重要的精神引领效应，在高校立德树人过程中发挥着不可估量的作用。高校校园本身是文化的一种形式，具有无形的文化育人价值，通过围绕其所承载的精神主旨来进行相适应的人文环境建设，可以充分诠释高校自身的精神文化内涵、彰显其独特的人文气韵，养成学生至诚的修学与立德的态度，成为学生精神寄托和心灵归属的对象。

将高校建设为学生精神文化的家园，可以从两个角度切入：

1. 加强校园物质文化的环境建设

通过对校园的建筑、绿化、古迹等公共活动场所的建设完善，达到使人从校园的外在环境中感受到庄严肃穆的仪式感，从直观的外在美中，达到愉悦感官、净化心灵的作用，并从中体会到一所高校所承载的历史厚重感与文化底蕴。例如，有学者指出“西方近、现代的大学既没有宏伟壮丽的大门也没有现代化的建筑，那里的每一根廊柱、每一尊塑像、每一张布告，都散发出它的历史气息和个性之光。”① 以北京海淀区的高校为例，北京大学的未名湖，清华大学的水木清华园，中国矿业大学（北京）的民族楼，其本身都

① 王冀生．大学是一种文化和精神的存在［J］．杭州师范大学学报（社会科学版），2010（3）：117－120．

是继承前人创造的物质文化基础上，在今时加以保护与修缮而成，并使之成为同学们学习、娱乐、休息、研讨的生活场所，使同学们在日用而不知中享受这份无形文化财富的滋养、熏陶。而这些具有文化底蕴的历史场所，不仅成为同学们学习生涯中记忆的重要组成部分，而且使同学们感受到前人的学习与生活痕迹，从中发生和前人跨越时间的精神交流，感受到前人的使命担当、学术理想、精神追求、思想境界，并成为激励学生立德立志的重要精神力量来源之一。

2. 加强校园精神文化的环境建设

一个高校未来的发展道路不是凭空决定的，而是基于其已有的历史、已有的光辉荣誉基础上，充分发挥其自身的特色以建设学科，以阐释校训中的精神内涵，弘扬并践行其具有特色的精神主旨。以中国矿业大学（北京）为例，通过对校史的了解，可知有百年的建校历史，其前身经历了从焦作路矿学堂、福中矿务学校、福中矿务专门学校、福中矿务大学、私立焦作工学院、国立焦作工学院、中国矿业学院到今天的一系列历史变迁。中国矿业大学的建立之初，正逢清末民国初国家综合实力衰弱、帝国主义对中国实行经济掠夺与政治干涉的历史时期。1915 年 6 月，秉承着实业以兴国，为国家养成“采矿冶金专门人才”的教学宗旨，校长许源要求学生“抱定力”，献身实业以挽回权利收自强之效，“服勤劳”，注重体育以备他日降大任于肩头，爱名誉，勉益加勉做到立品与修业并重。[①] 而学生也正是通过对校史的了解，了解到高校建设于危难之际，发展于困难之时，历任杰出师长、校友在历史发展过程中为民族之振兴、国家之富强所做出的贡献，才能认识到学校发展至今日的不易，也认识到作为高校成员之一，不仅是一个修学的过程，更是从文化意义上实现对高校这个文化组织的精神归属，继承了高校建设的初心，承载了这份厚重的历史使命与特殊荣誉，这份精神感动将成为学生实现立德树人的重要精神助力。

（二）平台载体的资源配置功能

平台为高校落实立德树人根本任务提供了丰富的活动空间与活动形式，加强平台载体的建设以及合理运用平台载体，有助于充分调动高校自身的物质资源、文化资源、人力资源，并充分发挥其全程、全方位的协同育人作

① 邹放鸣．百年矿大记忆［M］．徐州：中国矿业大学出版社，2009：45.

用。广义的高校平台载体包括教学平台、社会实践平台、公共活动平台、学术平台、文娱平台、网络平台等。平台载体通过资源的集中，为学生提供了自主发挥和创造的宽广活动空间，是激发学生自主性和能动性的重要教育载体。通过平台载体的资源配置功能，有助于学生自主地参与到学习与实践活动中，引导学生形成求知的乐趣，养成明理求真的科学精神，培养分工合作的团队意识。

实现高校立德树人包含了对学生科学精神的培育，立德树人是致力于人道德自觉、思想独立的教育过程，形成实事求是、明理求真的科学求知态度，是形成成熟的世界观、人生观、道德观的必备素养。在对事物的认识求索过程中只有具备不断探索内在本质、追求真知灼见的科学求真态度，才能在生活中不断自察、自省乃至自我完善。因此，高校不仅是致力于高深学问研究的学术基地，更是科学精神孕育的摇篮，承载着“由学问通达修养”的教育理想。高校的教育作用不仅体现于使学生掌握学术研究的能力，更是在教育过程中达到“授之以渔”的培养效果，培养学生对知识的好奇心、对真理的求知欲，将学习与研究作为生活不可分割的一部分，将乐趣寓于其中。而达到寓教于乐的教育培养目的，不仅在于高校教师的合理教育引导，更需要校园相关工作人员、教师给予学生活动的平台，为学生的自主性形成创造条件。高校的平台载体不仅为师生的各项活动提供了资源与空间，而且促使高校形成良好的求知求真氛围，使身处其中的人被严谨的学术态度、钻研的求知精神、洞悉其本质的求真氛围所熏陶。通过高校平台载体的教育熏陶，可以使学生认识到学问传承对于整个人类文明的不能间断的伟大意义。当个体生命参与到助力人类文明传承发展的过程中时，人不再是个孤单的个体存在，而是以学问为纽带，在人类学问共同体的海洋中产生跨越时间、空间维度的精神交流，并在这个过程中实现真正意义上的生命升华与价值实现。

从高校学生的就业方向而言，其所从事职业与所学习专业不同的现象屡有见闻，然而这并不能说明其专业学习对其工作生活没有任何助益。在高校的学习过程中，学生的解决问题能力与意识得到了培养，在走向社会后学习新事物与适应新环境的综合素养在校园中得到了充分培养。高校引导学生“如何学习”比教育“学会什么”更重要，高等教育的核心实质在于教给学生“学习的方法”、“思维的方法”、“调研的方法”、“求证的方法”，平台载体在这个过程中发挥着重要的作用。平台的存在致力于帮助学生描绘一幅学无止境的蓝图，使学生意识到学习在生活中无所不在，学习与生活不分彼此，学习本质上是个认识的过程，世界事物的发展永无止境，认识与学习的过程也将永无止境。明理求真地理清事物内在机理，在对事物普遍规律不断提取的基础上，加深对事物特殊性的认识，既是认识发展的需要，更是把握人生、使人生由必然王国进入自由王国的实践需要。古往今来伟大的思想家、科学家、教育家、哲学家无一不有着明理求真的务实科学精神，正是这种穷究其理的态度支撑他们在所研究的领域不断精益求精，为人类文明不断增添更加辉煌的成果，攀登真理和科学的更高峰。而他们探索真理的过程之所以感到乐此不疲，缘于他们有着为人类未来谋发展、为中国人民谋幸福的志向。而他们的自觉性并非凭空形成，高校阶段的教育与熏陶是树立志向、培养志趣的重要因素，高校的优良传统、文化底蕴无一不影响了他们对“何为真理”以及“探索真理意义”的认识，并基于这种认识产生探索真理的动力与乐趣。因此，高校引导学生走向科学道路，不能只关注学生对知识的直接学习，更要思考如何将校园打造为能激发学习兴趣与动力的平台，使学生在耳濡目染的环境下增长眼界、开拓格局，培养形成明理求真的自觉素养。从平台载体建设和运用的角度而论，落实立德树人根本任务要从以下几个方面进行实践：

1. 校园文化平台

传播校园文化的平台包括公共场合的教室、运动场所、食堂、宣传栏、图书馆等。校园文化平台保障了学生在课外时间，有更多接受教育和自学的空间。校园文化平台实现了学生资源、公共资源、文化资源的合理配置。以图书馆为例，图书馆是校园文化平台具有代表性体现的一个样本，图书馆对于高校实现立德树人具有不可替代的重要意义。一所高校的图书馆本身就是一笔无形的文化财富，图书馆是高校的灵魂，聚集了整个高校中有志于学习、乐爱学习的同学。而高校中很多同学选择以图书馆为自学场所，缘于图书馆整体的学习氛围使人羞于懈怠，在其中能极大提升学习效率，并日积月累地养成学习的良好习惯与自觉性。从另一层面而言，图书馆浩瀚的藏书使人感受到自身在人类知识与文化海洋中的渺小，产生对真理的庄重与肃穆感。图书馆通过共情心理、情感因素、环境因素极大影响学生的求知意愿，一个综合性高校通过设置更全面的藏书、提供更多的座位，能极大提升本所高校学生的学习意愿与积极性。

2. 实践活动平台

高校的实践活动平台给予了学生理论与实践相结合的学习机会。完善高校的实践活动平台，包括为学生提供实践活动的场地、提供实践活动的资金、提供实践活动的师资力量等。通过实践活动，学生进一步培养了独立自主的学习能力与活动组织能力，也进一步加深了对校园文化的认识，并提升了校园整体的学风，促进了朋辈间的互助。高校实践活动平台可以组织的活动包括：读书会活动、调研活动、志愿活动等。以读书会为例，读书会是极大激发一所高校中学生自学、创新、思辨的学术活动。读书会的开设，不仅能使相关专业的同学找到加深对本专业知识学习交流的平台，更能使其他专业的同学找到专业学习以外学习感兴趣知识的场所。读书会促进不同专业学生对于同一问题产生不同视角的观点，并在相互研讨过程中，弥补自身认识不足，从他人的观点中收获有益启示。读书会是体现高校民主、科学、自由、求真的学术氛围的自主活动，学生在参与过程中极大激发了自身的积极性与自觉性，读书会是高校这个文化组织中思想活力的重要来源之一。

3. 学术平台

高校学术平台的搭建，有助于对学术资源进行合理配置，使学生更方便获取专业知识以外的内容，拓展自身知识面和眼界，有助于促进学生学术能力、科学素养、道德修养全面提升，对于落实立德树人根本任务有着重要的意义。实现立德树人同时也是一个“格物致知”的过程，需要以扎实的知识储备，广阔的理论视野为基础。科学精神的培育没有学科专业之区分，人文社会科学类专业与自然社会科学类专业学生的研究对象都是基于现实存在的事物，都需要本专业基础学科的扎实基础，通过扎实的理论功底以及对原理的透彻认识，以实现对理论的创新。而随着实践发展的需要，不同专业的研究开展不仅需要本学科扎实的理论基础，更要借“他山之玉以攻石”，借助其他学科的研究方法、理论视角以实现方法的创新和认识局限的突破。学术研究的开展迫切要求通过学科的融合以打开研究的新局面。以笔者曾经参加的清华大学数据研究院举办的五周年“人文社科”专场的学术活动为例，大数据技术的进步及其使用方法的全面适用性，极大地推动了人文社科专业研究方法的创新，而人文社科的研究问题、哲学思维，又为大数据未来解决问题的方向提供了思路，多个学科领域的专家学者都在这场学术盛会中极大受益，开阔了自身研究视野与思路。而高校通过自身的师资力量，进行交叉学科的讲座开设，能极大提升不同专业同学的学习兴趣，激发新的问题意识，并从中找到适合自己的未来研究方向。高校学术平台的教育载体，以学术讲座、自然科学知识数据库、人文社科知识数据库、公共选修课等形式为主。

(三) 制度载体的价值规范功能

在全国高校思想政治工作会议上，习近平总书记强调："要使高校发展做到"治理有方、管理到位、风清气正。"[①] 形成合理的制度是高校治理有方的基础，制度本身不仅具有管理功能，而且是价值观的载体，体现了高校自身的校园文化、价值指向。制度本身具有教育功能，制度与学生的日常学习生活息息相关，通过设置合理的制度，可以帮助学生养成良好的生活与学习习惯，培养崭新的精神面貌。制度规范了师生日常的教学、科研、文娱以及实践活动的秩序，制度发挥着传播价值观、传承文化、弘扬优良精神的教育作用。充分发挥制度载体的育人作用，是高校实现立德树人根本任务的重要手段。

有学者指出，大学制度是"协调、制约以及干预大学与外部以及内部利益相关要素之间的规范体系"。[②] 大学制度具有规范性及约束性的实践指导作用，大学制度有助于高校坚持既定的培养计划，达成预期的教学及科研目标。不同的高校所具有的师资力量不同，也存在着不同的学科发展状况，在人才培养上有着各自的侧重点及教学所长。因此，不同高校有着自身不同的大学"气质"，并在自身特点基础上形成了不同的大学制度。高校自身的制度充分体现了高校的价值追求和教育理念，大学制度为配合校园自身建设发展的一系列活动而不断补充完善。高校自身的制度主要体现于党建、管理、科研三个方面，具体而言，大学制度主要以章程制度、学生管理制度、党团建设制度、教师队伍建设制度为主。大学制度是规范学生、教师行为秩序的框架，通过大学制度的管理，教师与学生能够在稳定、长效、有序的情况下进行各项活动。大学制度使学生和高校有机地衔接在一起，是增进学生与高校彼此联系，并不断相互反馈的重要介质。大学制度的规范与引导作用，使制度本身不断推动着校园文化的发展和创新。从另一角度而言，大学校园文化所包含的自身的校风学风、大学精神、优良传统，也不断对制度进行反馈。明确高校自身的大学制度，严格落实制度的执行，并对制度进行不断的完善和创新，是充分发挥制度载体的育人作用、实现立德树人根本任务的必然需要。一所高校的章程制度、学生管理制度、党团建设制度充分体现了自

---

① 习近平．习近平谈治国理政：第二卷［M］．北京：外文出版社，2017：377.

② 唐世纲．大学制度价值论［M］．青岛：中国海洋大学出版社，2017：39.

身的文化功能，本文主要论述如何合理运用这三种制度，发挥其以文化人的功能，以帮助立德树人根本任务的落实。

1. 章程制度

建立与健全一所大学的章程，是现代大学的首要任务，章程是一所大学的灵魂体现。高校的章程发挥着文化创造、精神传承、价值引领的重要功能。高校的章程是大学文化的综合反映，章程体现了高校的校史、校训、校风等文化元素。章程往往将高校的发展历史、杰出校友、获得荣誉以及优良传统记录成文，充分体现了一所高校所推崇的核心价值。高校章程明确了自身总体的价值追求与道路方向，并在此基础上引导形成一定的校园风貌。高校的章程具有厚重的文化内涵，也具有强大的文化感染力，使学生熟悉高校的章程，有助于使学生产生使命感与荣誉感，并激发其科研与学习的能动性。而同样存在的问题是，高校中较为普遍存在学生不熟悉章程，不了解章程的现象。高校有必要开设专门的课程，向学生宣传、普及、教育章程的内容，并通过对章程内容的介绍，引导学生认识校园发展的历史，所取得的杰出成就与培养的杰出校友。加强章程的教育与宣传手段，有助于学生增进对校园纪律和管理制度的了解，增进对校园文化的了解，从而促进学生更加融入校园的环境与氛围，更高效地学习与成长。

2. 学生管理制度

学生管理制度涵盖了从学习到生活的各方面事物，学生管理制度充分体现了其微观性的特点。学生管理制度可以细化到寝室管理制度、图书馆使用制度、学生会制度、社团管理制度、奖学金评定制度等。学生管理制度是充分挖掘学生学习、科研、实践的创新能力与能动性的关键所在，学生管理制度关系到学生各方面的切身利益。学生管理制度的设定、执行与规范程度，充分体现了高校是否重视学生的身心健康、全方位发展，是一所大学价值取向以及是否知行合一的重要体现。高校学生管理制度尚存在“理念保守化”“体制刻板化”“关系层级化”和“队伍不合理化”的问题，这些都一定程度上对立德树人根本任务实现产生制约作用。① 学生管理制度是培养学生主人翁意识，帮助学生理论联系实际，促进学生全面发展的重要载体。坚持以民主、法治、公正的原则监督、保障学生管理制度执行，并推动学生管理制度不断完善，是贯彻立德树人根本任务必然的管理需要。同时，高校也需要通

---

① 戴卫义．坚持立德树人 推进高校学生事务管理工作［J］．中国高等教育，2014（4）：69－70.

过优化资源整合以及创新管理模式、完善监督机制的一系列方法，推动学生管理制度的完善，从而强化其教育管理功能。

3. 党团建设制度

高校的党团建设制度发挥着强大、直观的价值观教育与传播作用，是传播真理、弘扬爱国精神的重要载体。认识党团建设制度的重要性，加强大学生基层党组织的建设，发挥大学生基层党组织的战斗堡垒作用，是助力立德树人根本任务落实的关键。高校基层党组织所组织的一系列活动，是培育和践行社会主义核心价值观的重要载体。完善学生党员团员的发展机制、加强对组织生活的考核与管理，强化大学生党团组织的学习互动作用，对实现立德树人根本任务具有重要的意义。

后 记

回顾自己的学习经历，在硕士阶段从属于马克思主义理论一级学科下马克思主义中国化的二级学科，硕士毕业论文所研究的内容与文化自信有关。博士阶段选择马克思主义理论一级学科下的思想政治教育专业，既是兴趣使然，也是内心希望学以致用的驱动。回顾博士一年级的学习，我扎扎实实地研读马克思恩格斯选集、研习经典原著以从理论功底上强基固本。因为我在硕士阶段的学习中，缺乏对原著的直接学习，对马克思恩格斯经典的思想观点的了解通过各种二手著作或论文中的阐释以获得，这使我看问题的视野不够真正具备唯物辩证的科学意识，也缺乏对马克思恩格斯思想观点正本清源的深入理解。这使我意识到，作为马克思恩格斯一级理论学科下的研究生，无论所选择的二级学科和研究方向是什么，都有必要系统地阅读原著中的重要篇章，以形成对马克思、恩格斯基本的思想观点方法立场的认识，通过从马克思、恩格斯对所身处时代历史事件、社会思潮、其他学者观点的批判与分析中，能够正本清源地具体理解何为辩证唯物主义的世界观和历史唯物主义的方法论，而并非从教科书上获得的一个纯粹概念，以及留在脑海中的抽象印象。要让自己的思想和认识真正进入到空间、时间、文化、民族的现实世界中，形成丰富的画面和生机勃勃的思想活力，而非拘谨古板的文字。

从马克思恩格斯身上，我在感受到理论的严谨、科学、一丝不苟之余，更感受到的是马克思恩格斯鲜活的人格，对生活与生命的热爱，对人类未来命运的殷切关切，对现实中苦难与不平等的深恶痛绝。读《马克思恩格斯选集》，我所感受到的不仅是书中所要探索的真理和所要阐释的方法，更是使真理产生的更重要的源泉，一个伟大的人格、一颗矢志不渝的初心，一种使自己不断完善升华的内在驱动力量。《马克思恩格斯选集》不仅蕴含着强大的理论力量，以其彻底性说服人，更蕴含着人文的力量，以情感人、以文化人。马克思恩格斯的每篇著作并不是纯粹“就事论事”的学术论文，在保障客观科学公正的同时，马克思的文章中饱含着诗意的抒情、巧妙的比喻、幽默的语言，马克思是带着求真的态度进行研究，并有着如日常生活般舒适与贴切的感觉进行语言的表达和阐释，所以马克思的文章很有力量！是情与理的合一，既有真理又有真情，二者相辅相成，缺一不可。因此，如果一个学者只执拗地尝试从文字、文本的意义中去理解马克思恩格斯，我想会错过很多。在这个学习过程中，我深刻地感受到了文本本身以外的力量，文字没有表达，但是却蕴含其中不能忽视的力量，这是一个学者系统学习完一种思想后，必须有所体察并且汲取的力量，是促使其能够知行合一的重要力量源泉。而这也是我对“以文化人”的朦胧与初步认识，人格的塑造、自我的成长、认识与眼界的提升过程，不能缺失这种参赞化育的力量。

从马克思恩格斯的身上，我充分认识到，没有德，是不能形成强大的动力与毅力克服万难、不断进步以为后人留下这样贵重的思想财富。同样，我也认识到，一个学者在钻研、探索社会事务、社会现象的过程中，如果只认识到“理”，而不能体察万物之中的“人文”的元素，则会使对所掌握的“理”的使用显得机械和生涩，以及必然不能产出能够感召人、凝聚人，引人以共鸣、发人以深思、使人倍感亲切的作品。这也是我初步产生将“以文化人”与“立德树人”有机结合的思想雏形，“立德”“成人”最终“树人”乃至明理，整个过程“文”的元素像润滑剂一样润物细无声地伴随着育人的每个发展阶段，作为哲学社会科学的学者不能忽视这个确实存在的变量，并且应正视与挖掘其对人全面发展的价值，从而使育人的实践能够尽善尽美。

作为马克思主义一级理论学科下所有专业的同学，不管研究方向为何，理论的研究、与实践探索都不能违背我们的初衷，而这个初衷在我看来就是“探求真理、亲人爱民”，因此，马克思主义理论学科的学者，以及经过中国特色社会主义教育培养的所有时代新人，都应饱含着不断求真、亲人爱民的态度与情感，这种情感与态度是发自内心的。而这些深切的感受，以及基于硕士阶段所研究的，也正是使我意识到马克思主义专业的同学在掌握、明晰“理论”的同时，同时也要在哲学思维的基础上培养“文”的意识、培养“人文”的温度，使我们不仅是优秀的哲学社会科学学者，更是在实践工作、社会生活中扮演优秀的“政委”角色，能佐人以善、引人以正，发挥自己端正人心、端正风气，为社会、单位、家庭带来和谐、正义的鼓舞人心力量。因此，马克思主义的学者是有大用的人才！必须认识到自身的价值，并且正视自己的作用与使命！在人生旅途中、在参与到各行各业的实践调研中，充分发挥自己这种特殊的价值！

而要实现这样的时代新人的角色定位和角色培养，为实现中华民族伟大复兴输送真正能担负大任的人才，目前高校的教育培养显然尚有需要完善的地方和待解决的问题。在高校如何实现立德树人的教育根本任务的问题上，我深刻地认识到这是一个充满活力、充满科学、充满真情的教育引导过程。在这个过程中，高校不仅是战斗的前沿阵地，思想政治理论课的开设更是教育的核心。在教育的实施过程中，理直气壮地传播马克思主义的“理”，不仅是中国特色社会主义意识形态的基本建设需要，更是引导学生正确认识世界、探索世界的实践发展需要，这是一个“授之以渔”的过程，通过传授辩证唯物主义的世界观和历史唯物主义的方法论，让学生奠基形成认识世界、实践的方法思维与价值立场。而要实现价值理念与方法论的深层灌输，绝非就着理论本身解释其意义可以做到的，需要伴以文化的“良方”，使二者美妙的融合，以达到真正开启智慧大门的妙用。因此，“以文化人”是全面发展的教育需要。何为教育中的“以文化人”，简单从字面意思而论，是用文化育人，在新时代的中国特色社会主义教育事业中，用优秀传统文化、红色革命文化、社会主义先进文化育人。而“生活是具体的”，对理论和事物的理解实质上也是“具体的”，只有形成“具体的”思维，才能将以理论、文字、语言等形式所阐释的规律、道理转化为具体可把握的认识，在脑海中自觉将自身对世界的所知、所见、所感串联与有机联系，形成对事物运行发展一幅幅生动的画面，产生“万类霜天竞自由”的生动意象与生机。而理论具有“普遍性”与“抽象性”特征，是一定程度对本质和规律的高度概括总结，实现对其本义的理解需要以文化为“药引”，实现对理论的生活化、具体化的理解，即与实际结合的理解，而与此同时理论又促进了对文化更深层次的理解与吸收。例如，优秀传统文化中包含了著名的历史事件、历史典故、伟大人物，红色革命文化包含了伟大的革命精神、鲜活的革命事迹、革命先辈对自身初心形成的自述，深入到文化的“具体”中，以文化人就是以文化中的人物、精神、事迹等化人，而也正是基于设身处地形成现实和实践的逻辑，才能正确理解在这些历史生活的轨迹中所产生的伟大思想和理论。也因此，在这种认识过程中形成对人类精神文明范畴的事物、对伟大的人格、伟大的精神、伟大的理想超越对其概念形式的理解，而是以活生生的人、活生生的生活、活生生的吃喝住行去理解，从而产生共情、产生共鸣，体会其中的喜怒哀乐，并不知不觉使这些精神元素成为构成自身人格的一部分。而这种认识与感受的形成与发展过程，就是以文化人的过程，文化所产生的磅礴化人力量在其中发挥着不可替代的作用。而实际上这种真正深入到对生活最基本的元素、单位的共情与理解中，正是辩证唯物主义的精髓，辩证唯物主义绝对不是只冷冰冰地在“理”上做功，用逻辑战胜与说服对手，从《德意志意识形态》这一著作中，可以深刻地感受到这种广阔的人文视野与对生活的温情，以及语言表达上的不拘一格，马克思的作品同时也是极具文学价值的作品。

回到问题的初始，我开始认识到“以文化人”的学术价值，并且重思何为“以文化人”，与读《马克思恩格斯选集》的经历有重要的关系，《马克思恩格斯选集》给予了我重要的思想启示与方法思维。但我个人思想发展历程不止于此，我开始重新去认识、梳理与理解中国的传统文化，重新去认识中国的历史、哲思、军事、科技以及民俗生活，正本清源又不拘一格地去构建更全面的认识框架，深入到知识的更深层维度中。这既是一个马克思主义学科学者为马克思主义中国化发展所必须做的功课，也是作为一个中国人，基于自身的文化、历史去全面发展自身的必然需要。而认识的发展不仅限于此，有了辩证唯物主义的哲学思维，有了传统文化的根本底蕴，再又回过头去了解西方的历史、文化、哲学，就是有“主见”地整合与融汇头脑中的信息，在这种融合中，个人的进步与所体会的妙处难以一一言尽。在这个历程中，我感受到了自己进入了“以文化人”的维度，只不过这个所化的对象为我自身，而这些感受在未来进入教育岗位时，将会为我的教学工作开展带来重要的助益，也能使我更好地发挥作为一个教师的“化人”作用。

“以文化人”并不是漫无目的地化人，所谓“化人”必然要有的放矢地引导与启发。而“立德树人”正是对“化人”所要追求结果的最佳诠释，“以文化人”是一种教育境界的体现，“立德树人”是教育所追求目标的境界体现。而要正确地理解“立德树人”所寄寓的深意，就绝不能将“立德树人”作为一个孤立、抽象的概念去理解。对于一般意义的“德育”而言，德育所要追求的是人类文明中具有共性的基本道德规范的教育培养，而“立德树人”所要追求的显然是对一般意义德育的超越。因此，正确理解“立德树人”，要充分认识“立德树人”中显隐性的意义，要深入到对“德”与“人”具体的、现实的认识中，既要把握其中的普遍性，又要认识到其基于民族、历史、文化而具有的特殊性，从而将“立德树人”具化为一个过程、一个系统，并观察、思考、研究其中若干的子环节。也因此，认识“立德树人”需要一种兼具人本性与人文性的视域，并以此为出发点，做到以中国化语言、中国化逻辑去阐释与研究“立德树人”所追求为何以及如何实现“立德树人”，产生令我们信服的研究结果及诠释出其中具有强有力感召力的思想元素。也正是建立在这样的研究思路，才能真正讲清楚“立德树人”的教育所要追求的具体结果是什么，“立德树人”致力于使人养成怎样的精神特质、人格魅力，其与一般意义的“德育”有什么相同或相异。因此，不仅要通过“以文化人”的视域研究如何在教育实践中实现“立德树人”，更要先以“以文化人”的视域正确认识“立德树人”，从而为解决实践问题的研究找到一个合适的出发点。而遗憾的是，通过博士学位论文的研究与写作，我发现我的研究只是才站在起点，后面需要以整个人生历程去实践摸索乃至总结、完善，用实际教学行动或学术成果给出每个阶段的研究心得。写出这些话，内心犹如轻舟过万重山，我始终坚定地认为马理论的学者不能为了“科研”而“科研”，一切应以致力于人的思想解放、致力于人的终身幸福为研究的出发点，从而找到值得研究的问题，并找到应该坚持的方向，而这也正是我写这部著作的出发点，这既是对自己研究思路的剖析，也是对这次研究的一次总结与反思。

参考文献

一、经典著作与中央文献文件

[1] 马克思恩格斯全集（第 1 卷）[M]. 北京：人民出版社，1995.

[2] 马克思恩格斯全集（第 3 卷）[M]. 北京：人民出版社，1995.

[3] 马克思恩格斯全集（第 30 卷）[M]. 北京：人民出版社，1995.

[4] 马克思恩格斯全集（第 42 卷）[M]. 北京：人民出版社，2016.

[5] 马克思恩格斯文集（第 1—10 卷）[M]. 北京：人民出版社，2009.

[6] 马克思恩格斯选集（第 1—4 卷）[M]. 北京：人民出版社，2012.

[7] 列宁．列宁选集（第 1—4 卷）[M]. 北京：人民出版社，2012.

[8] 毛泽东．毛泽东选集（第 1—4 卷）[M]. 北京：人民出版社，1991.

[9] 毛泽东．毛泽东文集（第 1—2 卷）[M]. 北京：人民出版社，1993.

[10] 毛泽东．毛泽东文集（第 3—5 卷）[M]. 北京：人民出版社，1996.

[11] 毛泽东．毛泽东文集（第 6—8 卷）[M]. 北京：人民出版社，1999.

[12] 邓小平．邓小平文选（第 1—2 卷）[M]. 北京：人民出版社，1994.

[13] 邓小平．邓小平文选（第 3 卷）[M]. 北京：人民出版社，1993.

[14] 江泽民．江泽民文选（第 1—3 卷）[M]. 北京：人民出版社，2006.

[15] 江泽民．论“三个代表”[M]. 北京：中央文献出版社 2001.

[16] 胡锦涛．胡锦涛文选（第 1—3 卷）[M]. 北京：人民出版社，2016.

[17] 习近平．习近平谈治国理政（第一卷）[M]. 北京：外文出版社，2018.

[18] 习近平．习近平谈治国理政（第二卷）[M]. 北京：外文出版社，2017.

[19] 习近平．习近平谈治国理政（第三卷）[M]. 北京：外文出版社，2020.

[20] 习近平．之江新语 [M]. 杭州：浙江人民出版社，2007.

[21] 习近平．摆脱贫困 [M]. 福州：福建人民出版社，2014.

[22] 江泽民．在庆祝中国共产党成立八十周年大会上的讲话 [M]. 北京：人民出版社，2001.

[23] 胡锦涛．在全国优秀教师代表座谈会上的讲话［M］．北京：人民出版社，2007.

[24] 胡锦涛．在庆祝清华大学建校 100 周年大会上的讲话［M］．北京：人民出版社，2011

[25] 胡锦涛．坚定不移沿着中国特色社会主义道路前进 为全面建成小康社会而奋斗——在中国共产党第十八次全国代表大会上的报告［M］．北京：人民出版社，2012.

[26] 习近平．青年要自觉践行社会主义核心价值观——在北京大学师生座谈会上的讲话［M］．北京：人民出版社，2014.

[27] 习近平．做党和人民满意的好老师：同北京师范大学师生代表座谈时的讲话［M］．北京：人民出版社，2014.

[28] 习近平．在纪念孔子诞辰 2565 周年国际学术研讨会暨国际儒学联合会第五届会员大会开幕会上的讲话［M］．北京：人民出版社，2014.

[29] 习近平．在文艺工作座谈会上的讲话［M］．北京：人民出版社，2015.

[30] 习近平．在庆祝中国共产党成立 95 周年大会上的讲话［M］．北京：人民出版社，2016.

[31] 习近平．在中国文联十大、中国作协九大开幕式上的讲话［M］．北京：人民出版社，2016.

[32] 习近平．决胜全面建成小康社会 夺取新时代中国特色社会主义伟大胜利——在中国共产党第十九次全国代表大会上的报告［M］．北京：人民出版社，2017.

[33] 习近平．在北京大学师生座谈会上的讲话［M］．北京：人民出版社，2018.

[34] 习近平．在全国抗击新冠肺炎疫情表彰大会上的讲话［M］．北京：人民出版社，2020.

[35] 习近平．习近平重要讲话单行本（2020 年合订本）［M］．北京：人民出版社，2021.

[36] 习近平．论中国共产党历史［M］．北京：中央文献出版社，2021.

[37] 习近平．在庆祝中国共产党成立 100 周年大会上的讲话［M］．北京：人民出版社，2021.

[38] 中共中央文献研究室．毛泽东早期文稿［M］．长沙：湖南人民出版社，1990.

[39] 中共中央文献研究室．邓小平思想年谱（一九七五——一九九七）[M]．北京：中央文献出版社，1998.

[40] 教育部课题组．深入学习习近平关于教育的重要论述 [M]．北京：人民出版社，2019.

[41] 中共中央文献研究室．习近平关于社会主义文化建设论述摘编 [M]．北京：中央文献出版社，2017.

[42] 中国共产党第十六次全国代表大会文件汇编 [M]．北京：人民出版社，2002.

[43] 中共中央文献研究室．十六大以来重要文献选编（下）[M]．北京：中央文献出版社，2008.

[44] 中共中央文献研究室．十八大以来重要文献选编（上）[M]．北京：中央文献出版社，2014.

[45] 中共中央文献研究室．习近平总书记重要讲话文章选编 [M]．北京：中央文献出版社，党建读物出版社，2016.

[46] 中共中央文献研究室．习近平关于全面从严治党论述摘编 [M]．北京：中央文献出版社，2016.

[47] 中国共产党第十九次全国代表大会文件汇编 [M]．北京：人民出版社，2017.

[48] 中共中央文献研究室．习近平关于社会主义文化建设论述摘编 [M]．北京：中央文献出版社，2017.

二、一般著作

[1] 论语·大学·中庸 [M]．陈晓芬，徐儒宗，译注．北京：中华书局，1980.

[2] 孟子 [M]．万丽华，蓝旭，译注．北京：中华书局，2006.

[3] 老子 [M]．饶尚宽，译注．北京：中华书局，2006.

[4] 阮元．十三经注疏（第1卷）[M]．上海：上海古籍出版社，1986.

[5] 王先慎．韩非子集解 [M]．钟哲，点校，北京：中华书局，1998.

[6] 司马光．资政通鉴（新民卷、廉洁卷）[M]．徐颂陶，译注．北京：中国社会出版社，2003.

[7] 朱熹．四书章句集注 [M]．李申，译注．北京：中华书局，2011.

[8] 北京大学哲学系外国哲学史教研室．古希腊罗马哲学 [M]．北京：三联书店，1957.

[9] 朱光潜．朱光潜全集（第 4 卷）[M]．合肥：安徽教育出版社，1994.
[10] 张世英．进入澄明之境—哲学的新方向 [M]．北京：商务印书馆，1999.
[11] 梁启超．论中国学术思想变迁之大势 [M]．上海：上海古籍出版社，2001.
[12] 保罗·利科．活的隐喻 [M]．上海：上海译文出版社，2004.
[13] 张耀灿，郑永廷，吴潜涛，等．现代思想政治教育学（第 2 版）[M]．北京：人民出版社，2006.
[14] 奚洁人．科学发展观百科辞典 [M]．上海：上海辞书出版社，2007.
[15] 吴晓明，邹诗鹏．全球化背景下的现代性问题 [M]．重庆：重庆出版社，2009.
[16] 郑永廷．思想政治教育方法论（修订版）[M]．北京：高等教育出版社，2010.
[17] 罗国杰．伦理学．北京：人民出版社，1989.
[18] 胡德海．教育学原理 [M]．兰州：甘肃教育出版社，1998.
[19] 伽达默尔．真理与方法（上）[M]．上海：译文出版社，1999.
[20] 张岱年．中国伦理思想研究 [M]．南京：江苏教育出版社，2005.
[21] 孙正聿．哲学通论（修订版）[M]．上海：复旦大学出版社，2006.
[22] 沈孟璎．新中国 60 年新词新语词典 [M]．成都：四川出版集团·四川辞书出版社，2009.
[23] 邹放鸣．百年矿大记忆 [M]．徐州：中国矿业大学出版社，2009.
[24] 费孝通．乡土中国 [M]．北京：人民出版社，2008.
[25] 汪信砚．社会主义核心价值观与当代中国文化软实力研究 [M]．北京：人民出版社，2018.
[26] 刘建军．马克思主义信仰论 [M]．北京：中国人民大学出版社，1998.
[27] 张澍军．德育哲学引论 [M]．北京：人民出版社，2001.
[28] 孙其昂，黄世虎．思想政治教育学基本原理（第四版）[M]．南京：河海大学出版社，2015.
[29] 孙迎光．马克思总体性视域中的德育探索 [M]．上海：上海三联书店，2015.
[30] 杨柳新．发展的逻辑 通向人才大国之道 [M]．北京：学习出版社，2015.
[31] 孙迎光，孙菲．诗意德育 [M]．上海：上海三联书店，2017.
[32] 金林南．思想政治教育学科范式的哲学沉思 [M]．南京：江苏人民出

版社，2013.
[33] 沈壮海．思想政治教育的文化视野 [M]. 北京：人民出版社，2015.
[34] 祝光耀，张塞．生态文明建设大辞典：第三册 [M]. 南昌：江西科学技术出版社，2016.
[35] 唐世纲．大学制度价值论 [M]. 青岛：中国海洋大学出版社，2017.
[36] 江畅．西方德性思想史概论 [M]. 北京：人民出版社，2017.
[37] 黄琴声．易经大义 [M]. 南昌：江西人民出版社，2018.
[38] 杨柳新．德性文明论 [M]. 北京：知识产权出版社，2018.
[39] 刘建伟．红色文化融入高校社会主义核心价值观教育研究 [M]. 北京：人民出版社，2018.
[40] 冯友兰．中国哲学简史 [M]. 北京：北京大学出版社，2019.
[41] 邹广文．中国当代语境下的文化矛盾与文化走向 [M]. 北京：首都师范大学出版社，2019.
[42] 王险峰．立德树人 以文化人：中华传统文化育人创新实践探索 [M]. 镇江：江苏大学出版社，2020.
[43] 单春晓，金瑛．高校立德树人的实践路径研究 [M]. 北京：中国社会科学出版社，2020.
[44] 鄯爱红．政德论：心理结构与伦理行动的二重维度 [M]. 北京：中国人民大学出版社，2019.
[45] 靳凤林，杨明，詹世友，等．明大德守公德严私德：新时代领导干部政德建设读本 [M]. 北京：北京师范大学出版社，2019.
[46] 罗德富．新时代党员干部道德修养 [M]. 北京：人民日报出版社，2019.
[47] 刘勇．党员领导干部道德考核机制建设研究 [M]. 天津：天津人民出版社，2020.
[48] 王立峰，吕永祥．新时代思想建党与制度治党 [M]. 北京：人民日报出版社，2021.
[49] 孙兰英．新时代党的思想建设 [M]. 北京：党建读物出版社，2021.
[50] 王文学．政德史鉴 [M]. 北京：新华出版社，1997.
[51] 李建华．中国官德 [M]. 成都：四川人民出版社，2000.
[52] 赵雅丽．中国古今官德研究丛书 [M]. 北京：北京出版社，2012.
[53] 匡淑红．为官史鉴 [M]. 北京：北京出版社，2012.
[54] 肖群忠．君德论 [M]. 兰州：甘肃人民出版社，1995.

[55] 李建华．中国官德［M］．成都：四川人民出版社，2000.
[56] 靳凤林．制度伦理与领导干部道德［M］．北京：人民出版社，2011.
[57] 李成武．官德领导干部的道德领导力［M］．北京：人民出版社，2012.
[58] 于立志．与领导干部谈官德［M］．北京：新华出版社，2012.
[59] 王贵水．官德的力量［M］．北京：北京联合出版社，2012.
[60] 赵长芬．官德论［M］．北京：新华出版社，2013.
[61] 张晓玉．政德教育［M］．济南：山东大学出版社，2015.
[62] 舒天戈，孙乃龙，郑东升．官德修养领导者的人格提升与完善［M］．成都：四川大学出版社，2016.
[63] 赵秀娟．官德建设研究［M］．北京：中国社会出版社，2018.
[64] 申振东，陶文亮，刘锐．党的先进性历史溯源与现实要求［M］．北京：中共中央党校出版社，2004.
[65] 牛保良．中国共产党经典作家干部队伍建设思想［M］．北京：中国社会出版社，2008.
[66] 高新民，张希贤．中国共产党建设史［M］．北京：中共中央党校出版社，2009.
[67] 肖东波，曹屯裕．新中国成立初期执政党建设研究［M］．杭州：浙江出版社，2010.
[68] 陈文胜．延安时期中国共产党反腐倡廉建设研究［M］．北京：中国社会科学出版社，2013.
[69] 王员．建国初期党的思想政治教育及其基本经验［M］．北京：社会科学文献出版社，2013.
[70] 王树荫．中国共产党思想政治教育简史［M］．北京：中国人民大学出版社，2016.
[71] 韩桥生．道德风险论［M］．北京：人民出版社，2018.
[72] 刘先春，李睿．中国共产党执政的文化基础研究［M］．北京：中国社会科学出版社，2013.
[73] 孟宪平．马克思主义文化动力思想及其实践研究［M］．北京：北京师范大学出版社，2018.
[74] 金一鸣．教育原理［M］．合肥：安徽教育出版社，1995.
[75] 骆郁廷．精神动力论［M］．武汉：武汉大学出版社，2003.
[76] 沈壮海．思想政治教育有效性研究（第2版）［M］．武汉：武汉大学

出版社，2008.
[77] 戴木才．中国共产党的基本治国方略：法治与德治的辩证法［M］．南昌：江西教育出版社，2011.
[78] 艾四林．社会主义主流意识形态与当今中国社会思潮［M］．北京：人民出版社，2011.
[79] 李艳丽．政治亚文化［M］．武汉：武汉大学出版社，2008.
[80] 万俊人．政治与美德［M］．北京：北京师范大学出版社，2017.
[81] 刘红凛．信息化时代的政党重塑与党的建设［M］．北京：人民出版社，2019.
[82] 杨林．精准提高党的建设质量—计量党建的研究与探索［M］．北京：人民出版社，2020.
[83] 班杜拉．社会学习理论［M］．陈欣银，李伯黍，译．北京：中国人民大学出版社，2014.
[84] 卢梭．社会契约论［M］．何兆武，译．北京：商务印书馆，2003.
[85] 孟德斯鸠．论法的精神［M］．许明龙，译．北京：商务印书馆，2012.
[86] 特里·L. 库伯．行政伦理学手册（第 2 版）［M］．熊节春，译．北京：中国人民大学出版社，2020.
[87] 塞缪尔·亨廷顿，劳伦斯·哈里森．文化的重要作用：价值观如何影响人类进步［M］．程克雄，译．北京：新华出版社，2010.
[88] 理查德·比尔纳其等．超越文化转向［M］．方杰，译．南京：南京大学出版社，2008.
[89] 彼得森．文化智商［M］．张小海，尹宁宁，译．北京：法律出版社，2008.
[90] 施斯金．共产主义道德概论［M］．方琏等，译．北京：三联书店，1957.
[91] 爱弥尔·涂尔干．道德教育［M］．陈光杰，沈杰，朱谐汉，译．上海：上海人民出版社，2006.
[92] 阿尔贝特·施韦泽．文化哲学．陈泽环，译．上海：上海世纪出版集团，2013.
[93] 克利福德·格尔茨．文化的解释［M］．韩莉，译．南京：译林出版社，2014.
[94] 沃尔特·E. 弗克默尔．美国政府［M］．林震，译．上海：上海社会科学院出版社，2016.

[95] 郝大维等．先贤的民主——杜威、孔子与中国民主之希望［M］．何刚强，译．南京：江苏人民出版社，2004.

三、期刊论文

[1] 习近平．用好红色资源，传承好红色基因 把红色江山世世代代传下去［J］．求是，2021（10）.
[2] 习近平．坚守和弘扬全人类共同价值［J］．求是，2021（16）.
[3] 习近平．坚定理想信念 补足精神之钙［J］．求是，2021（21）.
[4] 习近平．思政课是落实立德树人根本任务的关键课程［J］．求是，2020（17）.
[5] 习近平．在全国抗击新冠肺炎疫情表彰大会上的讲话［J］．求是，2020（20）.
[6] 习近平．一个国家、一个民族不能没有灵魂［J］．求是，2019（8）.
[7] 习近平．文明交流互鉴是推动人类文明进步和世界和平发展的重要动力［J］．求是，2019（9）.
[8] 习近平．坚定文化自信，建设社会主义文化强国［J］．求是，2019（12）.
[9] 习近平．在纪念马克思诞辰200周年大会上的讲话［J］．求是，2018（10）.
[10] 罗红杰．“以文化人”到“立德树人”的系统逻辑［J］．系统科学学报，2022（3）.
[11] 章凤红，宋广强．高校发挥中国特色社会主义文化育人功能的三重维度［J］．思想理论教育导刊，2021（1）.
[12] 张涛．《周易》“自强不息”的历代诠释［J］．西北大学学报（哲学社会科学版），2021（1）.
[13] 葛志亮．“双高计划”背景下高职院校以文化人的实现路径［J］．学校党建与思想教育，2021（4）.
[14] 贾英健．儒家政德“君子人格”的价值阐释［J］．湖南社会科学，2021（5）.
[15] 曹苗．中华优秀传统文化的创造性转化创新性发展研究—兼论中华优秀传统文化的基本精神［J］．理论探讨，2021（6）.
[16] 张璐斐，张艳丽．论体育“为中国人民谋幸福，为中华民族谋复兴”的价值定位、现实意义与实践路径［J］．北京体育大学学报，2021（10）.

[17] 李兆旭．清末民初（1895—1920）我国“体育”概念形成与演变过程探究：以毛泽东《体育之研究》为中心［J］．北京体育大学学报，2021（10）.
[18] 陈媛．以文化人在高校少数民族人才培养中的路径探析［J］．学校党建与思想教育，2021（12）.
[19] 王培友．论宋元理学的“尊德性”及其诗歌表达［J］．东方论坛—青岛大学学报（社会科学版），2020（1）.
[20] 罗成翼．论新时代高等教育的根本任务——学习习近平关于立德树人重要论述的思考［J］．思想理论教育导刊，2020（1）.
[21] 聂磊．论孟子“浩然之气”的内化及其“德性”显现［J］．广西科技师范学院学报，2020（1）.
[22] 陈培勇，李茹佳．中国特色社会主义文化自信：内在逻辑、现实困境与未来前景［J］．学术研究，2020（2）.
[23] 马立新．感性·德性·法性———数字艺术三大哲学元问题研究［J］．山东师范大学学报（社会科学版），2020（2）.
[24] 刘建军，梁祯婕．论爱国主义的“硬核力量”［J］．马克思主义研究，2020（3）.
[25] 朱春梅．浅析家庭教育中言传与身教的教育策略［J］．辽宁行政学院学报，2010（4）.
[26] 邓晓芒．康德的道德形而上学及其与儒家伦理的比较［J］．道德与文明，2020（2）.
[27] 何俊．基于中国文化的“立德树人”［J］．道德与文明，2020（3）.
[28] 徐杨巧，王晓阳．双创时代“立德树人”的价值意蕴及其实现［J］．学校党建与思想教育，2020（3）.
[29] 樊爱霞．以得力措施落实“立德树人”的根本任务［J］．思想理论教育导刊，2020（3）.
[30] 杨国荣．德性、知识与哲学进路－－－由《当代美德伦理》引发的若干思考［J］．天津社会科学，2020（3）.
[31] 李四龙．跨学科人文教育的理念与实践［J］．中国大学教学，2020（4）.
[32] 门超，樊明方．高校思想政治教育“立德树人”主体性维度的哲学阐释［J］．贵州社会科学，2020（4）.
[33] 王栋梁．新时代落实“立德树人”成效评价研究［J］．学校党建与思

想教育，2020 (5).
[34] 张利明．铸魂育人的文化之维 [J]. 思想政治教育研究，2020 (6).
[35] 马敏．以史育人，以文化人——普通高中历史统编教材之我见 [J]. 课程．教材．教法，2020 (6).
[36] 桑利娥．革命文化融入高校思想政治理论课教学的价值意蕴与实践路径 [J]. 思想教育研究，2020 (7).
[37] 叶飞，檀传宝．德育一体化建设的理念基础与实践路径 [J]. 教育研究，2020 (7).
[38] 王嘉毅，张晋．立德树人的科学内涵与现实要求 [J]. 中国电化教育，2020 (8).
[39] 张涛．时代新人视域下“立德树人”的内生逻辑及其实践要旨 [J]. 学校党建与思想教育，2020 (8).
[40] 魏和平．内涵·价值·路径：革命文化涵育社会主义核心价值观的思考 [J]. 思想理论教育导刊，2020 (9).
[41] 章忠民，李兰．从思政课程向课程思政拓展的内在意涵与实践路径 [J]. 思想理论教育，2020 (11).
[42] 王先峰．地方高校革命文化教育的实践探索与优化策略 [J]. 中国高等教育，2020 (12).
[43] 曹辉．近现代西方德育方法论的发展脉络与研究概况 [J]. 高校教育管理，2009 (01).
[44] 刘占奎，岳冬青．网络时代大学生社会主义核心价值观文化认同探析 [J]. 马克思主义与现实，2019 (1).
[45] 刘建军．学习习近平总书记在学校思想政治理论课教师座谈会上的重要讲话精神笔谈 [J]. 社会主义核心价值观研究，2019 (2).
[46] 冯刚．新时代文化育人的理论考察 [J]. 学校党建与思想教育，2019 (3).
[47] 张志勇．立德树人是党的教育方针的重大理论创新 [J]. 教育研究，2019 (3).
[48] 夏静．“以文化人”的思想谱系与理论诠释 [J]. 齐鲁学刊，2019 (5).
[49] 李群，李凯，牛瑞雪．人文化成：中华优秀传统文化课程建设的反思与实践 [J]. 教育科学研究，2019 (6).
[50] 顾建红，管爱花．文化自信的三维视角及其审视 [J]. 江西师范大学

学报（哲学社会科学版），2019（6）.
[51] 张弛．高等教育“立德树人”的内涵实质与实现路径［J］．思想理论教育，2019（8）.
[52] 王玲玲，张艳国．论立德铸魂的价值意蕴、实践路径与战略意义［J］．江汉论坛，2019（8）.
[53] 彭晓波，王贺．充分发挥文化在高校思政教育过程中的涵养作用［J］．中国高等教育，2019（8）.
[54] 张弛．高等教育立德树人的内涵实质与实现路径［J］．思想理论教育，2019（8）.
[55] 潘欣羽，侯玉波．君子型人格与领导绩效的关系：带调节的中介模型［J］．第二十二届全国心理学学术会议摘要集中国心理学会会议论文集，2019（10）.
[56] 黄进．厚植立德树人的大学文化底蕴［J］．中国高等教育，2019（21）.
[57] 孔亭．试析中华民族共同体意识的基本内涵［J］．江苏大学学报（社会科学版），2019（21）
[58] 蒋笃君．新时代高校立德树人范式探究［J］．学校党建与思想教育，2019（23）.
[59] 卢文忠，何春涛．底线思维下高校文化育人探究［J］．学校党建与思想教育，2019（23）.
[60] 郑永扣，方兰欣．人类命运共同体理念与中华文化［J］．河南社会科学，2018（1）.
[61] 王学俭，杨昌华．立德树人：中国特色社会主义高校的立身之本［J］．新疆师范大学学报（哲学社会科学版），2018（1）.
[62] 苏国红，李卫华，吴超．习近平“立德树人”教育思想的主要内涵及其实践要求［J］．思想理论教育导刊，2018（3）.
[63] 李晓华，袁晓萍．高校立德树人的时代内涵和实践路径［J］．高等教育研究，2018（3）.
[64] 张茂泽．中华民族共同体意识及其历史基础［J］．长安大学学报（社会科学版），2018（4）.
[65] 满炫．“以文化人”理念下高校文化育人目标的价值取向及科学设定［J］．江苏高教，2018（5）.
[66] 李森，张鸿翼．大学通识教育的内涵、特征与实践路向［J］．国家教

育行政学院学报，2018（5）.

［67］王群瑛．把立德树人作为教育的根本任务［J］．中国高校社会科学，2018（6）.

［68］杨光．高校思想政治教育以文化人的方法研究［J］．思想政治教育研究，2018（6）.

［69］戚如强．习近平“立德树人”思想的理论渊源与精神实质［J］．马克思主义研究，2018（7）.

［70］奚彦辉，姜颖南．人文化成：中国“人文化成”的思想政治教育蕴涵与启迪［J］．东北师大学报（哲学社会科学版），2011（3）.

［71］谢安国．习近平立德树人思想的科学内涵和重大意义［J］．国家教育行政学院学报，2018（8）.

［72］杨国荣．中国哲学：内涵和走向［J］．上海师范大学学报（哲学社会科学版），2018（9）.

［73］白显良，崔建西．新时代“立德树人”的价值定位、时代内涵与实践要旨［J］．思想理论教育，2018（11）.

［74］王振．深化新时代高校以文化人实践的路径研究［J］．国家教育行政学院学报，2018（12）.

［75］李文丽，孙峰．“慎独”思想与道德人格主体性的培养［J］．中国德育，2018（12）.

［76］刘先春，赵洪良．高校文化立德树人的育人功能研究［J］．思想教育研究，2018（12）.

［77］沈贺．美国文化霸权与“普世价值”在我国的传播［J］．思想教育研究，2017（1）.

［78］李辉，陈静．论高校思想政治工作的中心环节［J］．思想教育研究，2017（2）.

［79］陈松友，李雪．坚持以文化人 培育社会主义核心价值观［J］．思想政治教育研究，2017（5）.

［80］曾繁仁．儒家礼乐教化的现代解读［J］．郑州大学学报（哲学社会科学版），2017（6）.

［81］戴锐，曹红玲．“立德树人”的理论内涵与实践方略［J］．思想教育研究，2017（6）.

［82］孟楠．大学精神文化创新的路径探析［J］．中国高等教育，2017（8）.

[83] 任保平．观乎人文化成天下 [J]. 人文杂志，2017 (11).
[84] 陈勇，陈蕾，陈旻．论新形势下立德树人思想要求的拓展与提升 [J]. 思想理论教育导刊，2017 (11).
[85] 杨新铎．《大象》德义述 [J]. 船山学刊，2016 (2).
[86] 陈超．立德树人视域下管理育人的内涵厘定与实践路径 [J]. 思想理论教育导刊，2016 (3).
[87] 傅维．“颜色革命”、“文化霸权”与和平演变战略 [J]. 广西社会科学，2016 (8).
[88] 亢雄．旅游境界浅说 [J]. 理论导刊，2016 (12).
[89] 刘亚琼．孟子“浩然之气”说探原 [J]. 管子学刊，2015 (1).
[90] 张翠萍，董瑞军．基于生命哲学的高校德育话语体系建构 [J]. 学术探索，2015 (6).
[91] 戴卫义．坚持立德树人 推进高校学生事务管理工作 [J]. 中国高等教育，2014 (4).
[92] 周旺东．王国平．论毛泽东文化思想的强大精神动力和生命力 [J]. 求索，2014 (8).
[93] 王新皓．立德树人：大学生思想政治教育的时代理念 [J]. 西南农业大学学报（社会科学版），2013 (6).
[94] 龙献忠，钟和平．人文关怀视野下的高校对话德育及其建构 [J]. 高等教育研究，2012 (1).
[95] 江畅．论德性修养及其与德性教育的关系 [J]. 道德与文明，2012 (5).
[96] 卢波．胡锦涛同志高校德育思想探析 [J]. 毛泽东思想研究，2012 (11).
[97] 王冀生．人文化成：对教育活动本义的再认识 [J]. 中国高等教育，2010 (2).
[98] 王冀生．大学使一种文化和精神的存在 [J]. 杭州师范大学学报（社会科学版），2010 (3).
[99] 查火云，郑航．当代中国爱国主义教育的话语分析：国家认同的视角 [J]. 教育学报，2010 (6).
[100] 王冀生．育人为本 科学为根 文化为魂－谈三位一体的大学哲学观 [J]. 中国高等教育，2009 (20).
[101] 张正江．蔡元培美育哲学思想初探 [J]. 中国会议 2009 纪念《教育史研究》创刊二十周年论文集 (2) ——中国教育思想史与人物研究，2009.

四、报刊文章

[1] 习近平．继续把党史总结学习教育宣传引向深入更好把握和运用党的百年奋斗历史经验［N］．人民日报，2022—01—12.

[2] 习近平．弘扬伟大建党精神坚持党的百年奋斗历史经验增加历史自信增进团结统一增强斗争精神［N］．人民日报，2021—12—29.

[3] 增强文化自觉坚定文化自信 展示中国文艺新气象铸就中华文化新辉煌［N］．人民日报，2021—12—15.

[4] 中共中央关于党的百年奋斗重大成就和历史经验的决议［N］．人民日报，2021—11—17.

[5] 习近平．以铸牢中华民族共同体意识为主线 推动新时代党的民族工作高质量发展［N］．人民日报，2021—08—29.

[6] 习近平在庆祝中国共产党成立100周年大会上的讲话［N］．人民日报，2021—07—16.

[7] 习近平．学好“四史”，永葆初心永担使命［N］．人民日报，2021—06—01.

[8] 习近平在清华大学考察时强调 坚持中国特色世界一流大学建设目标方向 为服务国家富强民族复兴人民幸福贡献力量［N］．人民日报，2021—04—20.

[9] 紧紧围绕立德树人根本任务 用心打造培根铸魂启智增慧的精品教材［N］．人民日报，2020—12—01.

[10] 中办印发《关于巩固深化“不忘初心、牢记使命”主题教育成果的意见》［N］．光明日报，2020—09—15.

[11] 习近平对研究生教育工作作出重要指示强调：适应党和国家事业发展需要 培养造就大批德才兼备的高层次人才［N］．人民日报，2020—07—30.

[12] 习近平．以主题教育为新的起点持续推动全党不忘初心牢记使命［N］．人民日报，2020—01—09.

[13] 习近平．用新时代中国特色社会主义思想铸魂育人 贯彻党的教育方针落实立德树人根本任务［N］．人民日报，2019—03—19.

[14] 习近平．坚持中国特色社会主义教育发展道路 培养德智体美劳全面发展的社会主义建设者和接班人［N］．人民日报，2018—09—11.

[15] 习近平．做好美育工作弘扬中华美育精神 让祖国青年一代身心都健康

成长［N］. 人民日报，2018－08－31.
［16］习近平．举旗帜聚民心育新人兴文化展形象 更好完成新形势下宣传思想工作使命任务［N］. 人民日报，2018－08－23.
［17］习近平在北京大学师生座谈会上的讲话［N］. 人民日报，2018－05－03.
［18］习近平在中国共产党第十九次全国代表大会上的报告［N］. 人民日报，2017－10－28.
［19］习近平致信祝贺中国人民大学建校 80 周年［N］. 人民日报，2017－10－04.
［20］习近平．把思想政治工作贯穿教育教学全过程 开创我国高等教育事业发展新局面［N］. 人民日报，2016－12－09.
［21］习近平．大力弘扬伟大爱国主义精神 为实现中国梦提供精神支柱［N］. 人民日报，2015－12－31.
［22］习近平．做党和人民满意的好老师［N］. 人民日报，2014－09－10.
［23］习近平．青年要自觉践行社会主义核心价值观—在北京大学师生座谈会上的讲话［N］. 人民日报，2014－05－05.

五、学位论文

［1］秦冰馥．中华优秀传统文化融入高校思想政治教育研究［D］. 长春：东北师范大学，2021.
［2］杨金铎．中国高等院校“课程思政”建设研究［D］. 长春：吉林大学，2021.
［3］白永生．新时代高校文化育人研究［D］. 桂林：广西师范大学，2020.
［4］安莉．大学生文化自信教育研究［D］. 哈尔滨：哈尔滨师范大学，2020.
［5］石莹．先秦儒家君子人格思想融入大学生道德教育研究［D］. 成都：西南交通大学，2020.
［6］刘婧．中国古代教化思想现代价值转换研究［D］. 长春：东北师范大学，2020.
［7］丁玉峰．思想政治教育文化形态研究［D］. 成都：西南大学，2019.
［8］叶长红．高校文化育人的人学透视［D］. 武汉：华中科技大学，2019.
［9］李乐霞．社会主义核心价值观话语权及其提升研究［D］. 上海：华东师范大学，2019.
［10］代文慧．农村社会主义核心价值观教育研究［D］. 郑州：郑州大

学，2019.

[11] 孙雅艳．思想政治教育视域下流行歌曲感染性研究［D］．长春：东北师范大学，2019.

[12] 李力．新时代高校立德树人协同策略研究［D］．长春：东北师范大学，2019.

[13] 李朝伟．志愿文化视域下思想政治教育研究［D］．北京：中国矿业大学（北京），2019.

[14] 张立学．以文化人：大学文化育人研究［D］．北京：北京交通大学，2019.

[15] 鞠忠美．中华传统文化创造性转化创新性发展实现机制研究［D］．济南：山东大学，2018.

[16] 杨光．高校思想政治教育以文化人研究［D］．长春：东北师范大学，2018.

[17] 宁凯．新时代大学的文化自信教育策略研究［D］．哈尔滨：哈尔滨师范大学，2018.

[18] 丁恒星．中国传统文化的开掘与思想政治教育的创新［D］．徐州：中国矿业大学，2018.

[19] 刘萍萍．现代思想政治教育的文化价值研究［D］．桂林：广西师范大学，2017.

[20] 孟楠．大学立德树人文化研究［D］．哈尔滨：哈尔滨师范大学，2017.

[21] 殷世东．课堂育人的文化品性研究［D］．成都：西南大学，2016.

[22] 陈华文．立德树人维度下的大学生社会主义核心价值观教育研究［D］．武汉：中国地质大学，2016.

[23] 彭菊花．中华优秀传统文化融入青少年德育研究［D］．武汉：湖北大学，2015.

[24] 周文斌．思想政治教育文化品性研究［D］．长沙：湖南大学，2015.

[25] 胡方．文化理性与教师发展：校本教研中的教师文化自觉［D］．成都：西南大学，2013.

附　录

附录1　调查问卷

尊敬的同学您好，本问卷旨在调查高校落实立德树人根本任务的现状及过程中仍存在的问题。我们特进行此次问卷调查。调查结果仅供学术研究之用，衷心希望您能如实回答以下问题。对于您的配合表示深切感谢！对占用您宝贵的时间深感抱歉！

第一部分　基本信息

1. 您的性别：(　　)

A. 男　　B. 女

2. 您的学科专业：(　　)

A. 工科　　B. 文科　　C. 理科　　D. 医科

E. 其他

3. 您是：(　　)

A. 一年级　　B. 二年级　　C. 三年级　　D. 四年级

4. 您的政治面貌：(　　)

A. 共青团员　　B. 中共党员　　C. 群众

第二部分　单项选择

1. 您对立德树人根本任务的认识是？(　　)

A. 认识很深刻，不仅知道其提出背景，理解其内涵，而且能广泛联系历史与生活从广义角度去理解

B. 有一定认识，不仅知道其提出背景，理解其内涵，而且具有自己的一定独特理解

C. 粗浅认识，知道其提出背景，理解其内涵

D. 认识较浅，仅听说过这个概念

E. 完全不认识，也没听说过

2. 您认为高等教育对于大学生的意义在于什么？（　　）

A. 成为某领域的专家

B. 成为一个综合素质较高，对各方面知识都有所涉猎的人

C. 实现自身的身心健康发展

D. 有能力获取更多的财富

E. 成为一个有理想、有使命，有高明见识与坚定意志的人

3. 您认为立德树人的体现是什么？（　　）

A. 有崇高的道德水平　　B. 能充分促进个性发展

C. 有先进的思想　　D. 有较高的人文素养

E. 以上都有

4. 立德树人这个概念给您的直观感觉是什么？（　　）

A. 立意深远，蕴含着深刻的思想内涵

B. 严肃紧张，意味着严守一定的道德规范

C. 给人以关怀温暖的感觉

D. 没有感觉

5. 您所在的高校当前立德树人根本任务贯彻落实的整体情况如何？（　　）

A. 非常好，学生表现出很好的精神面貌

B. 较好，学生的道德水平与政治觉悟有所提高

C. 一般，感觉没变化

D. 不是很好，没有落实到位

6. 您所在的高校当前为贯彻落实立德树人根本任务是否施行了一定措施？（　　）

A. 很多，而且非常系统协调　　B. 不多，但某些领域做得非常出色

C. 一般，感觉没变化　　D. 不是很好，几乎没有

7. 您所在的高校对贯彻落实立德树人根本任务是否重视？（　　）

A. 非常重视，大学生在日常生活和学习中都能感受到

B. 比较重视，大学生在部分时候能感受到

C. 一般，感觉没变化

D. 不是很好，学校的措施比较形式化

8. 您认为大学生对贯彻落实立德树人根本任务关注吗？（　　）

A. 非常关注　　B. 比较关注

C. 一般关注　　D. 不关注

9. 您认为影响大学生关注程度的因素是什么？（　　）

A. 是否会影响到自身的绩点

B. 是否会影响到自身的生活

C. 是否会影响到自身的就业

D. 是否会影响到自身的专业水平

E. 是否会影响到自身的全方位发展

F. 无所谓

10. 您认为落实立德树人根本任务大学生应该关注吗？（　　）

A. 不需要关注，让大学教职工来全程负责

B. 偶尔关注即可，配合大学教职工们的措施

C. 应该热切关注，并主动提出意见并参与其中

11. 您认为高校落实立德树人根本任务需把握的关键要素是什么？（　　）

A. 教育的内容　　B. 教育的形式

C. 教育的环境　　D. 以上都需要

12. 您认为高校落实立德树人根本任务的主渠道是什么？（　　）

A. 课堂　　B. 课外讲座　　C. 党团活动　　D. 体育锻炼

E. 没有主渠道，每项活动或课程都需要重视

13. 您对您培养计划中专业课程和选修课程的安排是否满意？（　　）

A. 非常满意　　B. 较为满意　　C. 一般　　D. 不满意

14. 您认为您的培养计划总体上呈现出什么样的培养导向？（　　）

A. 以就业为导向　　B. 以升学为导向

C. 以提高绩点为导向　　D. 以身心健康发展为导向

15. 您认为高校应如何安排课程以益于“立德树人”根本任务的落实？（　　）

A. 加强公选课的比重　　B. 加强专业课的比重

C. 提升文化类课程的比重　　D. 不需要改进，没问题

16. 您身边的同学们是否对思想政治理论课感兴趣？（　　）

A. 非常感兴趣

B. 感兴趣，但要看讲课老师水平以及课程内容

C. 不感兴趣，但会认真听讲

D. 不感兴趣，在课堂上做无关事情

17. 您所上过的思想政治理论课是否都发挥出应有的铸魂功能？（　　）

A. 都有　　B. 部分有　　C. 很少有　　D. 都没有

18. 您认为高校思想政治理论课目前需进一步改善的主要问题是什么？（　　）

A. 内容质量的提升　　B. 教学形式的拓展

C. 叙事语言的优化　　D. 教学工具的升级

19. 您认为影响思想政治理论课教学质量的核心因素是什么？（　　）

A. 课程内容的思想内涵　　B. 教学的形式

C. 教学的工具　　D. 教学的环境

E. 授课老师的水平

20. 您认为高校为落实立德树人根本任务，应如何进一步优化思想政治理论课的课堂内容？（　　）

A. 形成有中国文化特色的教学内容，充分体现思政课的文化自信

B. 增强思政课内容的学理性，进充分体现以理服人的特点

C. 增强思想政治理论课内容的趣味性与娱乐性

D. 以上都不是

21. 您认为高校思想政治理论课应凸显什么样的核心功能？（　　）

A. 以提升思想道德水平为根本目的

B. 传道解惑、塑造世界观与价值观的根本目

C. 疏导心理问题的根本目的

D. 提高政治素养的根本目的

22. 您认为当前高校思想政治理论课是否存在理想与现实的差距？（　　）

A. 存在整体性差距，且差距很大

B. 局部存在差距，整体还好

C. 不存在差距

23. 您认为高校立德树人根本任务的落实是否受社会其他因素的干扰？（　　）

A. 会受到影响　　B. 受到影响较小

C. 不会受到影响

24. 您认为当前存在哪些不良社会思潮不利于立德树人根本任务的落

实？（ ）

A. 功利性的价值观　B. 消极躺平
C. 金钱至上　D. 泛娱乐主义
E. 去中心化　F. 自由主义
G. 个人主义

25. 您认为当前西方国家是否存在文化上对我们的霸权行为？（ ）

A. 存在，需要引起重视　B. 存在，但无须过度防范
C. 不存在，不用为之烦恼

26. 您认为西方国家的文化霸权行径通过哪些方式实现？（ ）

A. 影视作品　B. 以文学作品
C. 网络水军　D. 新闻媒体

27. 您认为意识形态因素会影响高校落实立德树人根本任务吗？（ ）

A. 会影响，影响较深　B. 会影响，但影响较小
C. 根本不会受到影响

28. 您认为西方国家的文化霸权行径有哪些危害？（ ）

A. 瓦解国家与民族整体的思想凝聚力
B. 诱导社会上错误的价值观形成
C. 影响个体对人生最高追求的价值认识
D. ABC 都是
E. 没有危害

附录 2　访谈提纲

1. 您对“立德树人”根本任务的认识是什么？

2. 您认为“立德树人”体现在使人拥有哪些可贵素养或品质？

3. 您所在高校对“立德树人”根本任务的贯彻程度如何？

4. 您所在高校为贯彻“立德树人”根本任务采取了哪些措施？

5. 您认为高校在落实“立德树人”根本任务的过程中会对您产生哪些切身影响？

6. 您认为高校落实“立德树人”根本任务是否存在理想与现实的差距？

7. 您认为当前高校存在哪些问题制约了高校立德树人根本任务的落实?

8. 您认为思想政治理论课是否为落实立德树人根本任务的主渠道?

9. 您对当前的思想政治理论课是否满意?当前的思想政治理论课是否发挥出了应有的思想引领作用?

10. 您认为当前思想政治理论课应怎样进一步提升课程质量?

11. 您认为社会上有哪些不良思潮会对高校立德树人根本任务的落实产生影响?

12. 您认为不良思潮存在的本质因素是什么?